어떻게
잘 잃을 것인가

상실과
더불어
살아가는 법

사카구치 유키히로 지음
동소현 옮김

어떻게

잘 잃을 것인가

E

'살아감'은 '상실해감'이다

상실할 수 있다는 건 소중한 존재가 있었다는 것

코로나19가 나타난 후로 상실에 대한 뉴스를 자주 접하곤 한다. '펫 로스pet loss'와 같은 단어가 미디어에 자주 등장하고, 상실과 관련된 다양한 특집 다큐멘터리가 방영되었다. 연예인과 같은 유명한 사람들이 은퇴할 때나 인기 TV 프로그램이 끝날 때 '상실'이라는 단어를 사용하는 사람도 있는데, 그만큼 열정적인 팬심을 상징하는 표현이라고 볼 수 있을 것이다.

상실은 최근에 생겨난 것도 아니고 별로 특이한 경험이랄 것도 없다. 정도의 차이는 있어도 소중한 무언가를 잃어버리고 슬퍼하는 일은 누구에게나 일어난다. 상실의 종류나 그에 대한 반응 등은 시대나 문화 및 사회 구조 등에 따라 다르겠지만, 상실은 인류에게 매우 익숙한 체험이며 인생의 중요한 일부임은 분명한 사실이다.

인생을 살아가면서 우리는 많은 것을 잃는다. '생자필멸 회자정리生者必滅 會者定離'라는 말도 있듯이, 인생은 무상하며 생명체는 때가 되면 반드시 생명이 다한다. 만남이 있으면 헤어짐이 있는 것이 인생의 진리다. 그러니 인생은 상실의 연속이라고 해도 과언이 아니다.

소중한 존재를 잃어버리고 깊은 마음의 상처를 입고 마음을 닫아버린 사람도 있을 것이다. 이런 의미에서 상실은 가능하면 피하고 싶은 불상사다. 그러나 다른 시각에서 바라보면 무언가를 잃어버리고 비통한 상실감을 느낀다는 것은 그만큼 진심으로 소중하게 여긴 무언가가 있었다는 말이다. 갖고 있지도 않았던 것을 잃어버릴 수는 없다. 짧은 시간이라도 그렇게 소중한 무언가를 소유할 수 있었다는 것은 인생에서 쉬이 얻기 힘든 행운이다. 그런 의미에서 보면 상실은 불행한 사건이지만, 상실을 겪는 인생이 반드시 불행하다고는 할 수 없다. 반대로, 아무것도 잃어버리지 않는 인생이 행복하다고 단언할 수도 없다.

그렇지만 상실은 인생에서 매우 큰 사건이니만큼 몸과 마음에 심각한 영향을 미칠 가능성이 있어서 결코 가볍게 여길 수 없다.

풍요로운 인생을 살아가는 과정에서 상실을 피할 수 없다면 상실에 대해 제대로 이해하고 그와 타협하면서 살아가야 한다.

어떻게 잃을 것인지 생각하는 삶

우리는 일상생활에서 무언가를 '잃어버리는 경험'보다 '얻는 경험'에 중심을 두고 살아가는 것 같다. 많은 것을 얻을수록 인생이 풍요로워진다고 믿는 것 같기도 하다. 그래서 소중한 무언가를 잃는 것은 인생에서 마이너스일 뿐이라 상실에 대해 생각하는 것조차 애써 피하는지도 모르겠다.

그러나 삶에서 무언가를 손에 넣는 것도 중요한 목표겠지만, 어떤 방식으로 잃어버리는지도 중요한 과제다. 사람은 소중한 것을 잃어버리는 경험을 통해 성장한다.

그러면 소중한 존재를 잃어버린 적이 없는 사람은 배우거나 성장할 기회를 얻지 못하는 것일까? '잃어버리고 나서야 비로소 그 소중함을 깨달았다'고들 한다. 잃어버리는 체험을 한 당사자는 적잖이 후회하고 있을지도 모르지만, 타인의 상실 경험을 통해 그 인과관계를 알고 어떻게 대처해야 하는지 배울 수 있다. 다른 이의 상실을 통해 배우고 성장할 수 있는 것이다.

배우였던 아내 노무라 사치요野村沙知代를 허혈성 심장 질환으로 하루아침에 잃은 일본 프로야구 선수 겸 감독 출신 노무라 가쓰야野村克也는 어느 신문과의 인터뷰에서 '아내가 먼저 세상을 떠날 거라고는 생각도 못 했다. 야구인으로서 항상 최악의 상황을 예측해보라는 말을 입에 달고 살았는데…'라고 말했다. 그의 메시지는 잃고 나서 후회하지 않으려면 잃어버리는 일 자체를 피하려고 할 것이 아니라, 잃어버린다는 사실을 항상 의식하면서 살아가야 한다는 점을 시사한다.

잃어버린 순간과 마주하기

미래 지향적인 현대 사회에서는 과거에 사로잡힌 모습을 별로 좋게 여기지 않는다. 그런 분위기 때문인지, 사람들은 지난날의 상실을 다시 떠올리지 않으려는 경향이 있다. 그러나 현재의 내 모습 안에는 과거의 체험이 어떠한 형태로든 존재하며, 그것들이 모여 현재의 나를 구성하고 있는 것은 분명하다. 나이가 들어가면서 누적되는 상실의 경험을 딛고 우리는 미래를 향해 나아간다. 그중에서도 타격이 컸던 상실의 체험은 의식적으로든 무의식적으로든, 현재의 생활 방식에 크게 영향을 미친다.

당신은 지금까지의 인생에서 무엇을 잃어버렸으며, 그 체험을 통해 어떤 변화를 겪었는가? 아직 잃어버리지 않은 것과 앞으로 절대 잃고 싶지 않은 것은 무엇인가?

이 책의 끝부분에서 필자는 상실을 회상하는 활동을 제안할 것이다. 인생의 고비나 갈림길에 섰을 때, 지난날을 돌아보는 것도 의미 있는 일이다. 과거의 경험이 현재의 자신에게 용기를 심어주고 앞으로 살아가는 에너지를 부여하는 계기가 될 수 있기 때문이다.

상실 체험을 어떻게 인생의 양식으로 활용하고, 앞으로 닥칠 상실에 어떻게 대처할 것인지는 우리에게 주어진 과제이다. 그 해답을 찾는 과정이야말로 우리를 더욱 성숙한 인간으로 만들어주는 열쇠라고 생각한다. 이 책이 그 과정에 조금이나마 도움이 되길 바란다.

차례

잃고 나면 무엇이 달라지는가?

상실의 영향들

상실에 잠길 것인가, 상실을 넘을 것인가?

상실과의 대면

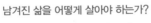

남겨진 삶을 어떻게 살아야 하는가?

상실 후의 나날들

잃기 전에 무엇을 해야 하는가?

상실의 준비

잃어버린 것들을 무엇으로 기억해야 하는가?

상실의 회고

나가는 글

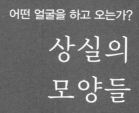

어떤 얼굴을 하고 오는가?

상실의
모양들

우리는 태어나는 순간부터
잃는다

태아는 그동안 보호받던 자궁이라는 공간에 작별을 고하고 산도를 빠져나온 후에야 첫 울음을 터뜨린다. 기억하지는 못하지만 다시는 돌아갈 수 없는 모태 공간과의 작별은 인간이 겪는 첫 번째 상실인 셈이다.

탄생은 죽는 순간까지 주어진 시간을 조금씩 잃어가는 시작점이다. 그 시간의 길이는 사람마다 다르겠지만 모두 같은 속도로 흐른다. 그 시간의 흐름 속에서 우리는 여러 가지를 손에 넣고 다른 한편으로는 잃어간다. 그리고 제한된 시간이 끝나고 각자에게 주어진 인생을 마감할 때, 마지막으로 찾아오는 상실은 모든 사람에게 공평하다.

삶을 시작하고 나서 언제, 무엇을, 어떻게 잃어버리는가는 사람마다 다르다. 유년기부터 여러 가지 크나큰 상실을 겪는 사람도 있고, 그렇지 않은 사람도 있다. 체험의 횟수뿐 아니라 각자 경험한 상실의 크기나 중요성 및 충격도 모두 다를 것이다.

몇십 년, 몇백 년에 한 번 찾아오는 자연재해로 사랑하는 가족과 정든 집, 재산이나 추억을 하루아침에 잃어버리는 경우도 있다. 본인이 피해를 입은 당사자일 수도 있고, 가족이 피해에 휘말린 경우도 있다. 불의의 사고로 소중한 존재를 잃어버리는 일은 누구에게나 닥칠 수 있다.

이 시각에도 세계 각지에서는 분쟁이나 사건이 끊이지 않는다. 그로 인해 많은 사람이 목숨을 잃는다. 어린이도 예외가 아니다. 분쟁이나 인권침해 등으로 인해 자신과 가족의 목숨을 지키고자 정든 고향과 고국을 등지는 난민도 계속 늘어나서 이제는 국제적인 문제가 되었다.

단언컨대 상실을 경험하지 않고 인생을 살아가는 사람은 아무도 없다. 태어나서 숨을 거두는 순간까지, 크고 작은 상실을 수없이 경험한다. 태어나서 성장하는 것은 여러 종류의 상실을 겪어가는 과정이다.

태어나서 성장하는 것은
여러 종류의 상실을
겪어가는 과정이다.

나의 죽음보다 사랑하는 이의
죽음이 먼저 올 때가 있다

　인생에서 만나는 가장 크나큰 상실로 사랑하는 사람과의 사별을 꼽는 이가 많을 것이다. 나이순대로 죽음이 찾아오는 것은 아니지만, 조부모와 부모를 여읜 후 형제자매와도 작별하고 배우자까지 먼저 떠나보낼 테고, 가까웠던 친구도 하나둘씩 돌아오지 않을 길을 떠난다. 장수를 누리는 사람 중에서는 자식을 먼저 앞세우는 부모도 있다.

　부부라면 언젠가 둘 중 한 사람이 먼저 떠나기 마련이다. 남겨진 쪽은 이별을 피할 수 없다. 그래서인지 배우자보다 먼저 세상을 뜨고 싶다는 사람도 적지 않다. 일본에서 기혼자 694명을 대상으로 '스스로 죽을 시기를 정할 수 있다면 배우자보다 먼저 죽는 쪽을 택하겠는가?'라고 물어보았는데, 세 명 중 한 명꼴로 '먼저 죽는 쪽을 택하겠다'고 답했다. 그 이유로는 '배우자를 잃은 슬픔을 견딜 수 없을 것 같아서', '죽을 때 배우자가 옆에 있어주길 바라서', '배우자가 없으면 살아가기 힘들 것 같아서'를 들었다.

몇 년 전, 브라질 남부에 위치한 항구 도시에서 65년간 동고동락해온 80대 노부부가 거의 같은 시각에 숨을 거두었다는 뉴스가 났다. 두 사람은 같은 병원에 입원하여 나란히 누워 투병 생활을 하고 있었는데, 남편이 먼저 세상을 뜨자 아내도 이내 혼수상태에 빠졌고 그로부터 40분 후 남편의 손을 꼭 잡은 채 숨을 거두었다고 한다. 그런데 이런 사례는 매우 드물다.

현재 세계 여러 나라는 많은 사람이 사망하는 '다사사회多死社會'에 접어든 상태다. 일본의 후생노동성*이 발표한 인구동태조사를 보면, 연간 사망자 수는 2003년에 100만 명을 넘어섰고 2017년에는 전년 대비 3만 명이 증가한 134만 397명으로 전후** 최고치를 경신했다. 한국 역시 연도별 사망자 수 그래프가 매년 올라가는 추세다. 2011년 25만 7천 명이던 것이 2020년엔 30만 5천

* 일본의 행정기관 중 하나로, 건강, 의료, 어린이, 육아, 복지, 돌봄, 고용과 노동 및 연금 등에 관한 행정을 담당
** 2차 세계대전 이후를 가리킴

명으로 늘었다.

　사망자 다수 사회가 되면 고인과의 영원한 이별을 슬퍼하는 사람의 숫자도 늘어난다. 결국 사망자 다수 사회는 '사별자 다수 사회'이기도 한 것이다. 사별의 경험은 유족들만 겪는 것은 아니다. 국어사전에서는 '유족'을 '죽은 사람의 남은 가족'이라 정의한다. 그러나 사전적 정의의 '유족'에는 포함되지 않더라도, 고인과 오랜 시간을 함께 보낸 친구나 지인, 연인과 같은 사람들도 고인의 죽음을 애도하고 깊은 슬픔에 잠긴다. 사별은 죽음으로 인해 소중한 사람을 잃어버리는 상실의 체험으로, 그로 인한 슬픔은 유족만의 전유물은 아니다.

반려동물은 언제나
우리 곁을 먼저 떠난다

어린아이들이 처음으로 겪는 큰 상실은 반려동물의 죽음일 가능성이 높다. 개나 고양이와 같은 반려동물은 이제 많은 이들에게 없어서는 안 될 가족이 되었다. 일본의 사단법인 펫푸드협회에서 2018년에 실시한 개·고양이 사육 실태 조사에 따르면, 2018년 10월에 일본의 20~70대 인구 중에 가정에서 개를 키우는 세대의 비율은 12.64%, 약 890만 3,000마리였고, 고양이를 키우는 세대의 비율은 9.78%, 약 964만 9,000마리로 집계되었다. 한국도 2020년 통계청이 발표한 인구주택총조사 표본 집계에 따르면, 우리나라 전체 가구(2,092만 7천) 중 반려동물을 키우는 가구의 비율은 15%(312만 9천)에 이른다.

가정에서 키우는 동물을 가리킬 때 과거에는 '애완동물pet'이라는 단어가 주로 사용되었다면, 얼마 전부터는 '반려동물companion animal'이라는 단어가 쓰이고 있다. 키우는 사람의 소유물 또는 인간에게 종속된 존재라는 뉘앙스가 강한 애완동물과 달리, 반려동물에는 인간과 대등한 관계를 맺으며 함께 살아간다는 의미가 포함되어 있어 인간과 동물 사이의 거리가 매우 가깝게 느껴진다. 사랑도 돈도 아낌없이 쏟아부으며 집 안에서 키우는 동물은 많은 이들에게 가족과 마찬가지로 없어서는 안 되는 소중한 존재이다.

개와 고양이의 평균 수명은 14세 내지는 15세라고 한다. 그러니 원하지 않아도 반려동물이 먼저 떠나는 걸 봐야 하는 순간이 찾아온다. 사람과 동물의 유대감이 깊을수록 집에서 키우던 동물의 죽음, 이른바 '펫 로스pet loss'는 사람에게 매우 큰 충격과 슬픔을 안겨준다. 이렇게 집에서 키우던 동물의 죽음을 접하면서 아이들은 '죽음'에 대해 배우는 소중한 기회를 얻기도 하는데, 이는 쉽게 겪을 수 있는 경험이 아니다.

사랑해서 결혼해도
사랑을 잃을 수 있다

이혼도 크나큰 상실 중 하나다. 부모의 이혼은 자녀의 입장에서 엄마 또는 아빠와의 헤어짐을 의미한다. 사별과 달리 이혼이나 이별은 상대방이 살아 있으므로, 상대와 사이가 다시 좋아지거나 재결합할지도 모른다는 희망을 완전히 버리지 못하며 상실이라는 현실을 받아들이기 힘들어하는 사람도 있다.

후생노동성의 인구동태조사 통계에 따르면, 2017년 일본의 이혼 건수는 21만 2,262쌍이었다. 과거보다 결혼하는 사람이 줄었기 때문에 이혼 건수도 수치상으로는 감소하고 있지만, 사실혼 관계를 포함한 유배우자*의 이혼율로 보면 여전히 높은 수준이다.

---

* 혼인신고 여부와 관계없이 사실혼 관계인 배우자가 있는 사람

한국의 경우에도 이혼 건수는 해마다 줄고 있지만 혼인 건수와 비교하면 여전히 이혼하는 부부가 많음을 알 수 있다. 2020년만 해도 결혼 건수는 약 21.3만 건인데 이혼 건수는 약 10.65만 건으로, 두 쌍이 결혼하면 한 쌍은 이혼하는 셈이다.

일본에서 이혼은 사회 전체의 결혼관이나 이혼관이 변화하면서 1990년대 후반부터 급속히 증가했다. 과거엔 한 번 이혼한 사람을 '바쓰이치*'라고 공개적으로 부르는 등 이혼을 금기시하는 분위기나 이혼에 대한 사회적 편견이 많았지만, 근래에는 점차 사라지면서 예전보다 이혼을 좀 더 가볍게 받아들이고 있다. 최근에는 맞벌이를 하는 여성이 늘었고 이혼 시 재산 분할 제도가 있는 등 이혼으로 인한 여성의 경제적 어려움이나 불안도 줄었다.

통계에 따르면 결혼하고 같이 산 시간이 그리 길지 않은 부부가 이혼하기 더 쉬운 걸로 나타났다. 후생노동성의 2016년 통계를 보면, 이혼 건수의 약 절반 정도는 결혼 후 동거 기간이 10년 미만인 부부였다. 그렇지만 오랫동안 한솥밥을 먹었다고 해서 이혼을 피할 수 있는 것은 아니다. 20년 이상 함께 살아온 중년 이후의 부부가 이혼하는 '황혼이혼'은 1990년대 이후부터 늘어나

• 가위표가 한 개 그어졌다는 의미로, 이혼 경력이 한 번 있는 사람을 가리키는 말

기 시작하여, 2000년대 중반에 잠시 감소세로 돌아섰다가 다시금 높은 수치로 계속 증가하고 있다. 일본의 전체 이혼 건수 중 황혼이혼의 비율은 2016년에는 18.5%였는데, 이는 1980년에 집계된 7.7%의 2.4배에 이르는 수치다.

황혼이혼을 요구하는 쪽은 대부분 아내라고 한다. 중년 이후의 부부 중에서, 남편은 눈치채지 못하더라도 결혼 생활의 불만을 꾹꾹 참으며 이혼할 날만 기다리고 있는 부인이 꽤 많은지도 모르겠다. 상실의 위기를 앞에 두고도 알아채지 못하고 있는 것은 아닌지, 남편들은 생각해볼 필요가 있다.

뜨거운 사랑의 불꽃은
영원하지 않다

필자가 강의실에서 매일 만나는 대학생들은 사별이나 이혼보다 실연에 더 관심이 많다. 사랑은 인생을 아름답게 만드는 긍정적인 효과가 있다지만, 그 사랑을 이루지 못하고 실연하면 심각한 상실을 체험한다. 주위 사람들이 볼 때는 '그까짓 연애'에 지나지 않을 수도 있지만, 당사자는 끝없는 절망의 나락으로 빠져들기도 한다. 실연의 충격으로 우울증이나 공황장애, 자율신경실조증 등이 일어날 가능성도 있다. 필자의 제자가 발표한 졸업 논문에 실린 조사에 따르면, 실연 경험이 있는 대학생 중 절반 이상이 정신적인 침체기, 슬픔이나 무기력증, 자책감 등을 느꼈다고 응답했으며, 다섯 명 중 한 명꼴로 식욕부진이나 불면증 같은 신체적 증상을 겪었다고 응답했다.

실연은 두 가지로 나눌 수 있다. 하나는 친밀한 관계가 일정 기간 지속되다가 그 관계가 깨지거나 끝나버리는 유형으로, '서로 사랑하던 사람들 사이의 실연'이다. 또 다른 하나는 상대방에 대해 호감이 있었거나 사귀고 싶었지만, 그 이상 친밀한 관계로 발전하지 못하고 끝나버리는 '짝사랑의 실연'이다.

실연하는 시기는 3월이 가장 많다고 하는데, 3월은 졸업이나 진급 및 진학, 취직이나 전근 등 생활 환경이 크게 바뀌는 터닝포인트가 되는 시기이므로, 연인 관계를 정리하기 쉬운 것으로 보인다.

대부분 사랑의 종착역은 결혼과 이별 중 하나인데 이 중에서 압도적으로 많은 것은 후자다. 많은 사람과 연애하는 인생을 부러워하는 사람도 있겠지만, 사실 그만큼 이별이 많다는 뜻이기도 함을 기억해야겠다.

당연했던 몸과 기능을
갑자기 잃을 수 있다

　시력이나 청력을 잃거나, 운동신경이 마비되거나, 신체 일부분을 잃는 사고로 상실을 겪을 수 있다. 어느 정도 성장한 후에 발생하는 장애는 태어날 때부터 있었던 선천적 장애와 구별하여 후천적 장애 또는 중도성 장애라고 한다. 후천적으로 시각에 문제가 생긴 경우는 중도성 시각장애인이라고 하고, 음성언어를 접한 후에 청력을 상실한 사람을 태어날 때부터 청력을 잃은 청각장애인과 구별하여 중도성 청각장애인이라고 한다. 이렇게 후천적 사유로 장애를 얻는 경우는 생각 외로 아주 많다.

　중도성 장애의 대표적인 증상으로 척수 손상이 있다. 뇌와 말초신경을 이어주는 중요한 신경 다발인 척수가 손상되면서 운동신경 마비나 지각 마비, 자율신경장애가 발생한다. 척수 등의 중

추신경계는 한번 손상되면 회복되거나 재생될 가능성이 없어서, 남겨진 기능을 강화하는 것이 유일한 치료법이다.

척수 손상은 외상에 의한 경우가 가장 많은데 주요 부상 원인은 교통사고, 높은 곳에서의 추락, 넘어짐, 스포츠 활동 등이다. 청년층에서는 운동이나 교통사고의 비율이 높고, 나이가 들수록 추락이나 넘어짐과 같은 원인이 늘어난다.

이렇듯, 어느 날 갑자기 교통사고를 당하거나 걷다가 넘어져서 장애인이 되는 일은 누구에게나 일어날 수 있다. 후천적 장애의 경우에는 본인의 심리적 문제, 즉 장애를 받아들이는 '수용'이 중요하다. 갑작스러운 장애로 인해 그때까지 노력해서 쌓아온 업적을 포기하거나 미래를 향한 꿈이나 계획을 포기해야 할 수도 있는데, 이는 앞으로 살아갈 이유를 잃을 수도 있는, 인생에서 가장 가혹한 상실이다.

돌아갈 일터가
없어지기도 한다

　비정규직 노동자가 해마다 증가하는 가운데, 기간제로 일하던 직원과 계약을 갱신하지 않고 계약 기간이 만료되면 계약을 종료하는 행태가 사회적 문제로 떠오르고 있다. 물론 그 자체는 위법 행위가 아니다. 그러나 고용 환경이 악화될 것을 우려한 기업이 무기 계약직으로의 전환을 막기 위해 기간제를 악용하는 사례가 많다.

　정규직 노동자라고 해도, 회사의 업적이 부진하거나 사업성을 재검토한다는 이유로 잉여 인원을 줄이는, 이른바 구조조정의 칼날이 언제 날아들지 모른다. 한번 정규직으로 채용되면 정년퇴직할 때까지 근속이 보장되는 종신고용제는 서서히 무너지고 있으며, 이제는 대기업에서도 명예퇴직을 권유하고 조기 퇴직자를 선발하는 시대가 되었다. 따라서 직장을 잃는 것은 고용 형태나 나이와는 상관없이 피할 수 없는 위험 요소이며, 현대 사회는 이전의 어느 시대보다도 그 위험이 더 높아지고 있다.

오랫동안 헌신적으로 일해온 직장에서 정년퇴직이나 은퇴를 맞아 일터를 떠나는 사람이 많아졌다. 일본의 제1차 베이비부머 세대°가 환갑을 맞이한 2007년, 그리고 그들이 만 65세를 맞이한 2012년에는 대규모로 정년퇴직자가 발생하면서, 노동력 감소와 기술 전수를 우려하는 목소리와 함께 '2007년도 위기', '2012년도 위기'라는 말이 일본에서 눈길을 끌었다.

일정 연령에 도달했을 때 노동 계약이 종료되는 정년퇴직제도는 법적으로 의무화된 것은 아니지만 많은 기업에서 채택하고 있다. 정년은 나라마다 다르게 정해져 있는데, 일본은 만 65세이고 한국은 만 60세이다. 미국이나 영국은 정년제도를 폐지했다.

정년이 지난 후에도 계속 일하기를 희망하는 사람이 적지 않다. 하지만 현대사회는 그것을 용인하지 않고 있다.

---

* 1947~1949년 2차 세계대전 후에 태어난 일본인들로, 약 689만 명에 이름

암세포가 생긴 순간부터
잃어야 할 것들이 늘어난다

인생에서 피할 수 없는 시련으로 '생로병사'를 꼽는다. 태어나는 것, 나이를 먹는 것, 죽는 것과 마찬가지로 질병으로 인해 건강을 잃고 고통을 겪는 것도 인생의 중대사 중 하나다. 그중에서도 암은 수많은 전 세계인의 목숨을 앗아간 악명 높은 질환이다.

일본 국립암연구센터가 제공하는 암 정보 서비스에 의하면, 평생 암에 걸릴 확률, 즉 암 진단을 받을 확률을 나타내는 평생 누적 발암 위험률은 남성 62%, 여성 46%라고 한다(2013년도 자료). 남성은 위암, 폐암, 대장암, 전립선암, 간암이 많았고, 여성은 유방암, 대장암, 위암, 폐암, 자궁암이 많았다. 현재 환갑을 맞은 사람이 앞으로 20년 동안 암 진단을 받을 확률은 남성이 38%, 여성은 21%였다.

많이 흔해졌다고는 해도 막상 암이라고 진단받으면 당연히 충격이 매우 크다. 국립암연구센터 등에서 실시한 다목적 코호트 기반 연구*에 따르면, 암 진단을 받은 날로부터 1년 이내에 환자가 자살할 위험률은 일반인에 비해 23.9배나 높다는 보고가 있다 (Yamauchi et al., 2014).

암 치료 과정에는 큰 상실이 따른다. 유방암이라면 유방을 절제하는 경우가 그렇다. 최근 들어 외과 요법에서도 유방을 남기는 수술이 증가하는 추세이긴 하지만, 종양의 크기나 암의 단계에 따라 유방 절제술이 필요하다. 유방을 절제한 여성은 여성성이 손상당한 것 같은 괴로움을 겪는다고 한다.

암 병동 전문 간호사인 곤도 마유미近藤まゆみ는 자신의 책에서 50대 초반인 어느 여성 환자의 사례를 소개한다. 그 여성은 항암제가 효과가 있어서 유방을 남기는 치료를 선택할 수 있었지만, 추적 검사를 통해 수술로 제거한 조직 절단면에서 암세포가 다시금 발견되어 결국 유방을 절제할 수밖에 없었다. 절제하고 싶지 않았지만 '수술을 받지 않으면 죽는다'며 스스로를 계속 다그

---

* 특정 요인에 노출된 집단과 노출되지 않은 집단을 추적하고 연구 대상 질병의 발생률을 비교하여 요인과 질병 발생 관계를 조사하는 연구 방법

쳐 어떻게든 마음을 다잡고 수술대에 올랐다. 수술 후 여성은 수술한 부위를 똑바로 바라보지도 못하고 눈물을 흘리면서 '너무 추한 몰골이 되고 말았다'는 말만 몇 번이나 되풀이했다. 또한 퇴원한 후 남편과는 단 한 번도 유방에 관해서는 이야기한 적이 없고, 행여라도 화제에 오를까 봐 늘 조심했으며 남들과 전혀 다른 인간이 되어버린 기분이라 아무도 만나고 싶지 않아서 외출을 거의 하지 않는다고 밝혔다. 살기 위해 잃어야만 했던 희생이었지만 그로 인한 상실감은 죽음만큼 컸던 것이다.

유방암이 아니더라도 암이 생긴 부위에 따라 암 치료는 크나큰 상실을 가져온다. 구강암, 인후암, 후두암 환자는 열 명 중 한 명꼴로 후두 적출술로 인해 목소리를 잃는다. 또 직장암이나 결장암 때문에 항문을 절제하고 인공 항문의 도움을 받으면서 자연스러운 배설 기능을 상실하는 환자도 있다. 항암제 부작용으로 머리카락을 잃는 탈모도 빼놓을 수 없는 상실 중 하나다. 이런 고통이 수반되는 상실 앞에서 환자들은 인간의 나약함을 극명히 느끼며 무기력에 빠진다.

늙음과 상실은
영원한 단짝이다

노화도 누구나 맞이하는 상실이다. 물론 나이를 먹는다고 해서 모든 것을 잃기만 하는 건 아니다. 경험을 통해 얻는 '연륜'은 중년 이후에 갖출 가능성이 높으며, 노년기에는 인생을 살아가는 데 필요한 지혜가 생긴다. 그렇지만 나이를 먹을수록 젊었을 때 지녔던 능력이 점점 떨어지는 건 자명한 사실이다.

시력 저하는 누구에게나 찾아오는 노화 현상의 하나로, 빠르면 만 40세 무렵부터 노안으로 인해 불편을 겪게 된다. 노안은 수정체의 탄력이 떨어져서 초점 거리를 조절하는 힘이 약해지는 바람에 가까운 물체에 초점을 맞추지 못하는 현상을 말한다. 나이를 먹으면 소리도 잘 안 들리는데, 만 50세가 넘으면 고음역 청력이 뚜렷이 저하된다.

나이가 들면서 기억력이 나빠져 결국 치매 환자가 되는 건 아닌지 걱정하는 고령자도 적지 않다. 자신이 언제, 어디서, 무엇을 했는지와 같은 개인적 생활이나 사회적 사건 등의 새로운 일을 기억하는 '에피소드 기억'은 노화와 함께 둔화될 가능성이 높다. 한편 지식이나 사물의 이름 등에 관한 기억인 '의미 기억', 몸으로 익힌 기술이나 기능인 '절차적 기억'은 나이의 영향을 비교적 덜 받는다고 알려져 있다.

운동 기능이 최고조에 달하는 시기는 20대인데, 운동 습관에 따라 개인차가 크기는 하지만 근력이나 유연성, 평형성, 순발력, 민첩성 등은 20대 이후로 점점 떨어진다.

이러한 감각·기억·운동 등의 기능뿐만 아니라 주름살이 생기고 흰머리가 생기거나 탈모가 진행되는 등의 신체적 변화, 퇴직이나 사별과 같은 중대사를 겪으면서 인간은 늙어가고 있다는 것을 자각한다. 이를 '노화 자각'이라고 하는데, 처음 노화를 자각하는 나이는 개인차가 있어서 중년 이후에도 아직 젊은 편이라고 느끼는 사람도 있다. 그렇더라도 노화로 인해 쇠약해지는 현상을 피할 수는 없다.

가장 마지막의 순간에
나를 잃는다

　인생에서 경험하는 마지막 상실은 자기 자신의 죽음이다. '인간의 사망률은 100%'라는 말도 있듯이, 삶을 누린 사람은 예외 없이 언젠가는 죽음을 맞이한다. 에도 시대°의 불교 조동종 소속 승려이자 시인이었던 료칸良寬 스님의 작품으로, 전쟁에 임한 특공대원의 유서에도 인용된 '떨어지는 벚꽃/남아 있는 벚꽃도/곧 떨어질 벚꽃'이라는 시는, 인간이라면 누구나 공평하게 죽는 운명을 타고났다는 사실을 표현한 것이다. 주어진 삶의 길이와 그 과정에서 겪는 상실의 종류와 횟수는 사람마다 다르지만, 죽음은 누구나 언젠가는 맞이하는 상실이다.

● 1603~1868년으로, 일본 역사 구분상 근세 시대

그런데 자기 자신의 죽음은 살면서 단 한 번 체험할 수밖에 없다. 먼저 죽음을 경험한 사람들에게서 죽음이 어떤 것인지 설명을 들을 수도 없는 노릇이다. 그렇기 때문에 죽음에 대한 인간의 불안과 공포는 뿌리 깊을 수밖에 없으며 죽음을 생각하거나 입에 올리는 것조차 금기시되어왔다.

일본의 평균 수명은 2018년 기준 여성 87.26세, 남성 81.09세로 남녀 모두 최고치를 넘어섰다. 한국도 평균 기대 수명이 여성 86.3세, 남성 80.3세로 일본과 비슷하다. 바야흐로 인생 80~90세 시대를 맞이한 것이다. 혹자는 100세 시대라고도 한다. 그렇다면 만 40세를 넘긴 무렵부터 인생의 반환점을 도는 셈이며, 환갑을 맞이한 후에도 아직 20년 이상의 시간이 남은 것이다.

예전보다 죽음이 훨씬 멀어진 것처럼 느껴진다. 그러나 평균 수명이란 결코 보장된 것이 아니다. 평균보다 훨씬 이른 나이에 죽음이 찾아올 수도 있다. 죽음은 인생이라는 여정의 종착역에 있는 것이 아니라, 항상 우리와 함께하는 존재다.

죽음은 인생이라는 여정의
종착역에 있는 것이 아니라,
항상 우리와 함께하는 존재다.

매일 상실은 다양한 얼굴을 하고
우리에게 온다

인간은 살아가면서 크건 작건 간에 다양한 종류의 상실을 경험한다. 무언가 잃어버릴지도 모른다고 생각하다 보면 우울해질 수도 있지만, 그게 현실이다. 지금까지 살아온 인생을 되돌아보면 여기저기에서, 또 이런저런 순간에 소중한 무언가를 계속 잃었고 앞으로도 잃게 될 것이라는 사실을 깨닫게 된다. 하지만 비극적인 상실로 인해 절망의 나락으로 떨어지더라도 목숨이 남아 있는 한 앞으로 나아가지 않으면 안 된다.

2011년 후쿠시마 동일본 대지진 이후 '재해 감소'라는 사고방식이 일본인들 사이에 널리 퍼져 정착되었다. 대규모 자연재해가 닥쳤을 때 그 피해를 완전히 막는 것은 불가능하다. 그렇기 때문에 피해가 생기지 않도록 하는 '방재'에는 처음부터 한계가 있다.

이와 달리 '재해 감소'는 발생할 가능성이 있는 피해를 미리 예측하고 그 피해를 최소한으로 줄이는 것이 목적이다. 상실도 마찬가지다. 인생에서 노화나 죽음을 비롯한 크나큰 사건을 완전히 피할 수는 없다. 이 책의 목적도 어떻게 하면 상실을 전혀 경험하지 않고 살아갈 수 있는지 알아보려는 것이 아니다.

　다시 말해, 인간은 상실과 더불어 살아갈 수밖에 없다. 이 사실을 전제로, 이 책에서는 상실이란 무엇인지 그 정체를 파악하고 이해하는 한편, 앞으로 마주할 상실을 어떻게 받아들여야 하는지 생각해보려 한다.

잃는다는 것은 무엇인가?

상실의
의미들

좋은 일에도
상실이 따른다

상실이란, 알기 쉽게 말하면 '뭔가를 잃어버리거나 놓치는 것'이다. 예를 들어 메모한 종이를 잃어버리거나 주스를 마시다가 흘리거나 하는 사소한 일은 살다 보면 언제든지 겪는다. 이 책에서 다루는 상실은 그런 일상적인 체험이 아니라 몸과 마음에 크게 영향을 미칠 만큼 중대한 일이다. 미국의 사회심리학자인 존 H. 하비John H. Harvey는 '중대한 상실이란 사람이 생활하면서 감정적으로 투자하던 무언가를 잃어버리는 것'이라고 정의했다. 이 정의를 보면 '감정적 투자'라는 단어가 키워드임을 알 수 있는데, 하비는 이 단어를 통해 잃어버린 대상이 개인적으로 마음을 주고 있었던 무언가라는 사실을 강조한다.

정신분석학에서는 사랑하는 사람의 죽음이나 부모 또는 자식과 떨어져 사는 일 등, 평소에 애착을 갖거나 의존하던 대상 또는 애정을 쏟아붓던 대상을 잃어버리는 체험을 가리켜 '대상 상실'이라고 한다. 그리고 그 대상은 의식적이든 무의식적이든 자신에게는 소중한 존재로, 마음속 깊이 친숙하게 여기고 나아가 자신의 일부처럼 느끼던 것이다.

이처럼 학술적으로 보면 상실은 생활이나 인생에서 소중하게 여기던 무언가를 잃는 것이며, 당사자에게 중대한 의미를 지니는 체험이라고 할 수 있다. 즉, 상실이란 주관적이며 개별적 성격이 강한 체험이다.

객관적으로는 같은 종류의 상실이라고 해도 이를 받아들이는 방식은 사람마다 다르다. 상실을 너무 심각하게 받아들이는 사람도 있겠지만, 그와는 반대로 별것 아닌 것처럼 가볍게 여기는 사람도 있다. 상실의 크기가 어느 정도인지는 당사자의 주관적인 평가에 따라 정해진다. 따라서 상실의 종류나 주변 상황과 같은 객관적 정보만 보면 상실이 주는 충격의 크기를 잘못 판단할 가능성도 있다. 다시 말해, 당사자가 느끼는 고통은 주변 사람이 생각하는 것보다 훨씬 심각할 수 있다.

애정을 쏟던 대상을 잃어버리는 중대한 상실은 인생의 여러 국면에서 등장하지만, 언제나 좋지 않은 사건이나 부정적인 변화에 따른 부산물인 것만은 아니다. 결혼이나 자녀의 탄생, 진학, 승진, 어려운 목표의 달성처럼 좋은 사건이나 긍정적인 변화에도 필연적으로 상실이 따른다. 옆에서 보기엔 기쁘고 만족감이 넘칠 것 같아도, 당사자는 지금까지 지내온 환경이나 역할, 꿈이나 목표를 잃고 당혹스러움과 실망감, 공허함을 느낄지도 모른다. 인생의 새로운 길을 걷는다는 것은 그때까지 소유하던 무언가와 이별하는 일이기도 하다. 기쁘고 희망에 찬 사건의 그늘에 본인과 주변 사람 모두 알아차리지 못하는 상실이 숨어 있을 수도 있다.

여러 종류의 상실이
한꺼번에 닥쳐올 때도 있다

상실 체험은 잃어버린 대상이 무엇인지에 따라 달라지는데, 크게 '사람'의 상실, '소유물'의 상실, '환경'의 상실, '신체 일부분'의 상실, '목표 및 자기 이미지'의 상실로 나눌 수 있다.

'사람'의 상실에는 가족 등 사랑하는 사람과의 사별이나 이혼, 실연, 교우 관계의 악화, 부모 및 자녀와 떨어져 살기, 친구나 선후배 및 동료나 지인과의 이별 등이 있다. 또한 유명인이나 인기 있는 스포츠 선수의 은퇴나 탈퇴도 팬의 입장에서는 크나큰 상실일 수 있다. 예를 들어 일본에서는 가수 아무로 나미에의 은퇴 소식이 NHK 뉴스 속보로 대서특필될 만큼 큰 화제였는데, 그 당시 팬들이 받은 충격과 슬픔에 관한 기사가 며칠 동안 매스컴을 장식하기도 했다.

필자가 재직하고 있는 간세이가쿠인關西学院대학교 근처의 전철역에서 조금만 더 가면 다카라즈카* 대극장이 있다. 그런데 좋아하는 다카라젠느, 이른바 최애 젠느가 가극단을 떠나면 팬들이 정말 큰 충격을 받는다고 한다. 그렇게 은퇴하면 두 번 다시 다카라즈카 무대에는 설 수 없다. 특히 남성 역할을 담당하던 배우라면 두 번 다시 그 연기를 볼 수 없기 때문에 팬이 느끼는 상실감은 매우 크다. 최애 젠느가 가극단을 떠난다고 발표한 날부터 팬들은 울면서 시간을 보낼 뿐만 아니라, 떠난 후에도 슬픔에 휩싸여 시도 때도 없이 눈물짓는다. 그래서 다카라즈카 가극단의 무대를 다시 보기까지 몇 년이나 걸리기도 한다는데, 너무나 많은 추억이 떠올라서 한동안 극장 근처나 가까운 전철역에도 발걸음하지 못할 만큼 큰 슬픔과 상실감을 느끼는 사람도 적지 않다.

소중하게 여기던 무언가를 분실하거나 훼손당하는 일, 키우던 반려동물의 죽음, 재산이나 지위를 잃어버리는 일은 '소유물'의 상실이다. 곧바로 대체품을 찾아낼 수 있다면, 소유자가 일시적으로 충격을 받았더라도 중대한 상실이라고는 하지 않는다. 즉, 소유자에게 둘도 없는 대상이었는지가 관건이다. 어린아이라면

• 모든 배우가 여성으로 이루어진 가극단

애착 인형이나 장난감, 즐겨 사용하던 문구 등을 잃어버리는 것만으로도 크나큰 상실감을 느낄 수 있다.

'환경'의 상실이란 진학이나 취직, 이직, 결혼, 시설 입소, 해외 이주 등으로 인해 태어나서 자란 고향이나 집, 정든 학교 기숙사나 직장을 떠나는 일, 추억의 장소가 사라지는 일, 자신이 맡은 역할이나 생활양식의 변화 등을 말한다. 예를 들어 고등학교를 졸업하고 대학에 진학하면서 부모 슬하를 떠나 자취 생활을 시작하면 고향이나 집, 출신 고등학교와 같은 생활 환경과 이별을 고하고 정든 가족은 물론 끈끈한 유대감을 느끼던 친구 및 선생님과도 헤어져야 한다. 또 지금까지 살아오면서 환경에 적응하기 위해 맡았던 역할이나 익숙해진 생활방식도 잃어버린다. '고목은 옮겨 심으면 말라 죽는 법'이라는 말이 있는데, 고령자에게는 오랫동안 살아서 익숙해진 집이나 지역을 떠나 다른 곳으로 이사하는 일이 매우 큰 상실로 다가올 수 있다.

질병이나 부상으로 인한 신체 일부의 절단, 시력 및 청력의 상실, 탈모, 발치 등은 '신체 일부분'의 상실에 해당한다. 노화로 인해 신체 기능이 떨어지는 것도 상실 체험이다. 인간의 몸은 그 사람의 존재를 증명하며, 몸이 없다면 생존도 불가능하다. 따라서 그 일부를 잃는 일은 스스로의 존재 의미가 뒤흔들리는 심각한 상실 체험일 수 있다. 그리고 신체적인 상실의 절정은 바로 자기 자신의 죽음이다.

'목표 및 자기 이미지'의 상실은 품었던 꿈이나 목표, 자신감, 스스로 그려온 자기 이미지, 자아 정체성, 긍지 및 이상 등을 잃어버리는 것이다. 어느 정도 예견되었던 미래나 희망, 살아가는 보람 등을 잃어버리는 것도 이에 포함된다. 이런 것은 눈에 보이지는 않지만 인간이 살아가는 데 필요한 원동력이기 때문에, 이를 잃어버리면 삶의 의욕을 잃을 수도 있다.

이렇게 상실을 다섯 가지로 분류했는데, 반드시 따로따로 경험하는 것은 아니다. 어떤 사건에 의해 여러 가지를 한꺼번에 잃기도 한다. 자연재해를 예로 들어보자. 누군가는 가족을 여러 명 잃기도 하지만, 누군가는 가족뿐 아니라 주택과 재산까지 잃어버린다. 또 한꺼번에 닥치지 않아도, 가족이나 친지가 줄줄이 세상을 뜨거나 연달아 중병에 걸리는 등 우환이 겹치기도 한다. 따로따로 보면 인생을 뒤흔들 만큼 심각한 상실이 아니어도 설상가상으로 닥치면 생각보다 훨씬 심각한 타격을 받을 수 있다.

보이지 않아도
잃을 수 있다

상실의 종류는 다른 기준에 따라 분류되기도 한다. 미국의 임상심리학자인 테레즈 A. 랜도Therese. A. Rando 박사는 대상의 성질을 기준으로 상실 체험의 종류를 구분하는데, 실체가 있었던 것이 더 이상 존재하지 않는 '물리적 상실'과 실체가 없는 것을 잃어버리는 '심리사회적 상실', 즉 '표상적 상실'로 나눈다. 물리적 상실은 집이나 재산, 신체 일부를 상실하는 경우처럼 잃어버린 대상을 객관적으로 파악할 수 있으므로 타인들도 그 상실과 충격을 이해해줄 가능성이 높다. 그렇지만 꿈이나 목표, 희망 등이 사라지는 심리사회적 상실은 그 실체가 눈에 보이지 않으므로 자칫하면 가벼운 일로 취급되기 쉽다.

재생산 건강* 분야의 심리상담사 히라야마 시로平山史朗는 난임을 치료하는 부부의 입장에서는 아기가 생기지 않는 것도 상실 체험이라고 말한다. 고액의 치료비 부담이라는 경제적 손실 외에도, 인공 수정이나 시험관 시술에 실패할 때마다 아직 얼굴도 보지 못한 아기를 잃어버리는 셈이다. '이번만큼은 성공하겠지…' 하고 품었던 기대가 번번이 실망으로 끝나고 마는 과정을 수차례 반복해서 겪다 보면 극도의 슬픔에 사로잡히게 된다. 이렇게 복잡하고도 예측할 수 없는 심리사회적 상실이 얼마나 정신적으로 피폐하게 만드는지, 주위 사람은 상상하기 힘들 것이다.

일본의 상실학 연구의 1인자로 유명한 정신과 의사 오코노기 게이고小此木啓吾 박사는 상실 체험을 '외적 대상 상실'과 '내적 대상 상실'로 나눈다. 외적 대상 상실이란, 가까운 사람의 죽음이나 어머니로부터의 분리, 전근 등 심리 외부에 있는 인물이나 환경이 실제로 사라지는 경험이다. 이와 달리 내적 대상 상실이란 배우자의 불륜 등에 대한 환멸 등 심리 내부에서만 일어나는 경험이다. 외적 대상 상실과 내적 대상 상실은 반드시 일치하는 것은 아니며, 늘 동시에 일어나는 것도 아니다.

---

* Reproductive Health, 인간의 생식 과정과 기능 등의 면에서 육체적·심리적 건강을 포괄하는 개념

《아사히신문》의 특집 기사 〈Re라이프〉에 연재 중인 '남자의 한숨 돌리기男のひといき' 코너에 어느 60대 남성이 다음과 같은 글을 투고한 적이 있다.

어머니가 13년 전에 사망하고 그로부터 2년 후에 아버지도 세상을 뜨자, 시즈오카현의 본가에는 아무도 살지 않게 되었다. 연말연시가 되면 으레 고향 집을 찾았던 나도 형이나 누나에게 특별한 용건이 있는 경우를 제외하고는 가지 않게 되었다. 그러다 보니 몇 해씩이나 고향에 내려가지 않은 적도 있었다.

고향 집은 낡고 못쓰게 되어 재작년 2월에 철거했다. 철거된 후의 모습을 처음 본 것은 공사를 시작한 지 6개월 후인 그해 8월이었다. 나뭇결이 살아 있던 2층짜리 목조 주택은 흔적도 없이 사라졌고, 그 뒤편에 지은 형네 부부의 네모난 주택만 보였다. 그 풍경은 마치 아지랑이처럼 흔들리고 있었다. 고향 집이 있었던 자리는 주차장을 만드는 데 사용되었다.

나에게는 이제 어머니도 아버지도 없고, 돌아갈 고향 집도 사라졌다. 돌아갈 고향 집을 잃어버리자, 시즈오카도 더 이상 고향이라는 생각이 들지 않았다. 그렇게 소중한 고향을 잃어버린 것 같아서 섭섭한 감정이 밀려들었다.

이처럼 태어나서 자란 고향의 모습이 달라진 것을 보고 섭섭함을 느낀 사람도 많을 것이다. 오랫동안 정든 집을 뒤로하고 고향을 떠나왔을 때 느끼는 외적 대상 상실과 달리, 고향을 송두리째 잃어버린 것처럼 느끼는 상실감은 내적 대상 상실이라고 할 수 있다.

우리는 때로,
상실을 스스로 선택한다

상실의 종류에는 외부의 힘에 의해 반강제적으로 경험하는 것만 있지 않다. 상실은 '강요된 상실'과 '선택한 상실'로 나눌 수도 있다. 사랑하는 사람과의 사별은 강요된 상실의 대표적 사례다. '사별'이라고 번역되는 영어 단어 'bereavement'는 '빼앗다, 강탈하다, 소유권을 다투다'와 같은 뜻을 지닌 고대의 영단어에서 유래되었다고 한다. 다시 말해, 'bereavement'는 죽음이 우리에게서 사랑하는 사람을 강제로 빼앗아간다는 개념에서 만들어진 것이다. 누군가가 먼저 세상을 떠날 때, 아무리 발버둥 쳐도 이를 막을 수는 없다.

강요된 상실에는 사별처럼 자신이 원하지 않더라도 어떤 대상을 빼앗기거나 억지로 헤어지는 것뿐 아니라 상대방으로부터 버

림받거나 내쳐지는 경우도 포함된다. 그리고 자신의 과오로 인해 잃어버릴 수밖에 없었거나, 그렇게 인식하고 있는 경우에는 상실로 인한 충격이 몹시 커서 오랫동안 후회나 자책에 시달린다.

반면, 선택한 상실은 추억이 깃든 물건을 정리해서 버리거나 유품을 정리하는 등 소중한 것을 스스로 떠나보내는 경험이다. 적극적인 자세로 선택하기도 하고, 주어진 상황에 따라 불가피하게 선택하기도 한다.

강요된 상실과 선택한 상실의 차이는, 실연의 경우 상대방에게 차인 경험과 내가 상대방을 찬 경험에서 오는 차이와 같다. 둘 다 실연이라고 이야기하지만, 상대방한테 차이거나 제3자에게 상대방을 빼앗기거나 이간질당해 사이가 틀어졌을 때, 상대방을 찼을 때보다 훨씬 크게 충격받는다. 그러면 상대방에 대한 깊은 연정, 현실로 받아들일 수 없다는 현실 부정, 연인 관계를 되돌리려는 공허한 노력을 반복한다. 그러나 자신의 의지에 따라 상대방과 헤어지면 상실에 따른 슬픔보다는 오히려 해방감을 느끼게 된다.

물론 선택한 상실에도 고뇌는 따른다. 예를 들어 임신중절수술은 선택한 상실 중 하나인데, 부득이한 사정 때문에 고민을 거듭한 끝에 힘겹게 결정을 내린 사람도 많을 것이다. 최근에는 의술의 발달로 임신 중 태아의 장애 여부를 진단할 수 있어서 힘든 판단을 내려야 하는 경우도 증가하고 있다. 반려동물을 키우는 사람 중에는 안락사를 포함하여 스스로 선택한 동물 치료에 대해 죄책감을 느끼고 몹시 괴로워하는 주인도 있다.

권고사직처럼 은퇴를 강요받았다면 강요된 상실이지만, 운동선수나 따로 정년이 없는 직종에 종사하는 사람은 스스로 은퇴를 결심하는 상실을 선택하기도 한다. 물러날 때를 스스로 결정할 수 있다는 것은 행복한 일이지만, 그 선택이 결코 쉬운 것은 아니다. 은퇴를 결심하기까지 고민에 고민을 거듭하며 결단을 내리지 못해 망설였던 사람도 분명히 많을 것이다.

후쿠시마 제1원자력발전소 사고 이후에 고향을 떠난 이재민 역시 상실을 선택하기까지 수많은 고뇌와 번민을 했을 것이다. 다음은 재난이 있은 지 7년이 지난 후 《아사히신문》에 투고된 40대 여성의 이야기다(2018년 3월 11일 자).

지진이 났을 때 우리 가족은 후쿠시마현 고리야마시에 살고 있었다. 지진 발생 후 일주일이 지났을 때, 나는 당시에 첫돌을 앞둔 아들과 다섯 살배기 딸만 데리고 살던 집을 떠나 북쪽에 있는 홋카이도로 이주했다. 그 후 남편이 이직에 성공해서 다시 온 가족이 함께 살게 되기까지 꼬박 3년이 걸렸다. 벌써 7년이나 지났다니 세월이 빠르다고 느끼면서도 한편으로는 무척 긴 세월이 지난 것도 같고, 뭐라 설명하기 어려운 복잡한 심경이다.

이곳으로 온 후에도 고리야마시에서 발행하는 홍보 자료를 계속 받아보고 있었는데, 얼마 전에 구독을 끊었다. 이유는 여러 가지가 있지만, 홍보물 표지에 실린 고리야마에 사는 어린이들의 웃는 얼굴을 볼 때마다 그곳을 떠나기로 한 것이 과연 옳은 선택이었을까 하고, 정답이 없는 질문을 자꾸만 스스로 던지는 것이 싫었기 때문이다. 아이들의 건강을 최우선으로 생각해서 내린 결단이었지만, 홋카이도로 오면서 헤어진 지인을 비롯하여 잃어버린 것들을 떠올리면 지금도 가끔 감당하기 힘든 슬픔이 복받쳐 오른다.

원하지도 않았는데도 강요된 상실이 얼마나 힘든지에 대해서는 타인의 공감을 얻어내기 쉽지만, 본인이 선택한 상실에 수반되는 고통은 그만큼 공감을 얻지 못하기도 한다. 하지만 본인 스스로가 선택한 상실이기 때문에 겪어야 하는 갈등과 고통도 있다는 사실을 이해해줄 필요가 있다.

잃어버린 후에
돌이킬 수 있는 상실도 있다

사랑하는 사람과의 사별이나 반려동물의 죽음, 나아가 자기 자신의 죽음에 이르기까지, 죽음은 결코 돌이킬 수 없는 상실이다. 척수 손상과 같은 후천적 장애의 경우, 잃어버린 신체 기능을 되살리는 것은 매우 어렵다. 만회할 수 없는 불가역적인 상실에 대해서는 이제 돌이킬 수는 없다는 사실을 받아들이고, 아직 남아 있는 것과 함께 앞으로 어떻게 살아갈 것인지 모색해야 한다.

그런데 잃어버린 후에 돌이킬 수 있는 상실이 있다. 매우 친했던 친구와 다투고 사이가 틀어졌으면, 어떤 계기를 통해 화해할수도 있다. 연인과 헤어진 후에도 서로 미련이 남아 다시 만남을 시작하는 사람도 있고, 이혼하고 냉각 기간을 가진 후에 원래의 배우자와 재결합하는 경우도 있다.

잃어버린 자신감이나 희망도 만회할 수 있는 상실이다. 살아가면서 자신에게 중요한 의미가 있는 일에서 실패하거나 좋은 결과를 얻지 못하는 등, 한 번 이상은 반드시 좌절을 경험한다. 학창 시절이라면 공부나 동아리 활동 등에서 좋은 결과를 얻지 못하고, 졸업 후에는 사회생활을 하면서 원하는 만큼 성과를 못 올리는 것이 그 예다. 좌절에 빠지면 자기 자신을 제대로 바라보지 못하고 미래를 생각할 수조차 없다는 사람도 있다. 그러나 잃어버린 자신감이나 미래에 대한 희망은 어렵기는 해도 만회할 수 없는 것은 아니다.

대상 그 자체를 돌이키기는 힘들지만 그 대상을 대신할 수 있는 무언가를 발견하는 경우도 있다. 예를 들어 정든 고향이나 집을 떠나더라도 제2의 고향이라고 부를 만한 곳을 발견하는 것이다. 살아갈 의욕을 잃어버렸어도 예전과는 달라진 상황에서 새로운 삶의 보람을 찾는 사람도 많다.

그러나 돌이킬 가능성이 있어도 상실 체험의 심각성이 과소평가되어서는 안 된다. 잃어버린 대상을 다시 찾기까지의 과정은 결코 평탄하지 않으며, 잃어버린 후에 속절없이 시간만 흘러가는 일도 있기 때문이다.

스스로 죽음을
예견할 수 있을까

살다 보면 생각지도 못했던 상황에서 중대한 상실을 만난다. 갑작스러운 구조조정으로 직장을 잃기도 하고, 불의의 사고를 당해 신체 기능을 잃기도 한다. 자연재해로 집과 재산을 순식간에 날리는 것도 남의 일만은 아니다. 이렇듯 예기치 못한 상실은 예견할 수 있는 상실보다 훨씬 심각한 충격을 안겨준다.

남편을 급성 심근경색으로 하루아침에 떠나보낸 60대 여성이 있었다. 남편과 전날까지만 해도 함께 외출했고 쓰러지기 불과 몇 시간 전까지 대화를 나누었는데, 방에서 나오지 않는 남편을 부르러 방에 들어갔더니 이미 숨이 멎은 상태였다고 한다.

세계보건기구who는 이러한 돌연사를 순간사 및 발병 후 24시간 이내의 내인사라고 정의한다. 구체적으로는 급성 심근경색,

대동맥류 파열, 지주막하출혈, 뇌내출혈 등에 의한 내인사가 포함된다. 게다가 불의의 사고, 자살, 타살 등에 의한 외인사도 갑작스러운 죽음이다.

이러한 죽음을 '예기치 못한 죽음'이라고 하면, 한동안 투병 생활을 하다가 사망한 경우는 '예견한 죽음'으로 분류될 것이다. 그렇지만 이러한 객관적 정의와 유족의 주관적 판단이 반드시 일치하는 것은 아니다. 호스피스 병동에서 사망한 암 환자 가족의 20%는 사망 1~2주 전까지도 살아날 것이란 희망을 버리지 않았다는 연구 보고도 있다(Houts et al., 2004). 암과 같은 만성 질환으로 사망했더라도 가족이 이를 받아들이기 전에 환자가 숨을 거두면, 유족의 입장에서는 예기치 못한 죽음이다.

또한 상실을 예견하는 것과 그에 대해 마음의 준비를 하는 것은 별개의 이야기다. 노인성 치매를 앓던 가족을 떠나보낸 유족을 대상으로 한 연구 보고(Hebert et al., 2006)를 살펴보면, 평균 3년 동안 간병하면서도 23%의 유족이 마음의 준비를 전혀 하지 못했다고 응답했다. 조만간 죽음이 찾아올 것을 알고 있고 준비할 시간이 충분했다고 해도, 사랑하는 사람의 죽음을 두고 마음의 준비를 하는 것이 결코 쉽지 않다는 사실을 보여준다.

하물며 스스로 죽음을 예측하고 마음의 준비를 하는 것은 한

층 더 어려운지도 모른다. 종교학자인 기시모토 히데오岸本英夫 교수는 미국에서 객원교수로 일하던 중 암세포가 발견되었는데, 그 후 10년 동안이나 투병 생활을 하면서 죽음에 맞섰다. 그의 저서 《죽음을 바라보는 마음死を見つめる心》에는 다음과 같은 구절이 있다.

죽음은 갑자기 찾아온다. 생각지도 못했던 때에 찾아온다. 아니, 차라리 죽음은 갑작스럽게만 찾아온다고 해도 좋다. 언제 죽음이 찾아와도 당사자는 갑작스럽게만 느낄 것이다. 살아가는 것에 대해 완전히 안심하고 있는 상태라면 죽음을 맞이할 준비가 전혀 되어 있지 않을 것이기 때문이다. 게다가 죽음이라는 녀석은 올 때가 되면 정말로 어이없는 방식으로 찾아온다.

본인의 실제 체험을 바탕으로 쓴 이 문장을 읽다 보면 갑자기 모습을 드러내는 죽음의 실체를 저자가 얼마나 날카로운 표현으로 사람들에게 알리고 싶었는지, 그 마음이 전해지는 것 같다.

알지도 못하는 새에
잃는다

중대한 상실은 인생의 흐름을 바꾸는 중대 사건이 되기도 한
다. 그런데 살아가는 동안 의식하지 못한 채 야금야금 진행되는
중대한 상실도 있다. 애초에 우리의 수명은 한정되어 있고, 누구
나 그 수명을 조금씩 갉아먹으면서 하루하루를 보낸다. 다시 말
하면 주어진 시간을 조금씩 소비하면서 살아가고 있다고도 할
수 있다. 평소에 조금씩 줄어드는 목숨과 시간을 의식하면서 사
는 사람은 거의 없으며, 대부분은 목숨을 위협하는 사건을 만난
후에야 비로소 그 소중함을 절감한다.

젊은 시절의 신체적 기능도 나이가 들어가면서 서서히 사라
진다. 기능의 종류에 따라 차이는 있겠지만, 신체 기능의 저하는
평소 특별하게 신경을 쓰지 않는 한 금방 알아차리기 힘들다. 마

음은 아직 청춘이라도 노화는 쉬지 않고 진행된다. 초등학생 자녀의 체육대회에 참가했다가 넘어진 적이 있는 부모라면, 늘 해오던 운동이 요즘 들어 버겁기 시작한 이들이라면 이제 내 몸이 생각대로 움직여지지 않는다는 사실을 깨닫고 얼마나 당혹스러웠는지 그 느낌을 기억할 것이다. 그리고 결국 나이가 들어서 본인의 신체 기능이 떨어졌다는 사실을 인정할 수밖에 없었을 것이다.

예전에 품었던 꿈이나 희망, 정열 같은 감정도 어느새 희미졌는지도 모른다. 어른이 되어 점차 현실을 깨닫게 되면 예전처럼 해맑게 꿈이나 희망을 이야기한다거나 한 가지 일에만 몰두하기가 쉽지 않다. 하지만 희망은 미래를 향해 달려가는 데 필요한 힘의 원천이다. 이루어질 가능성이 낮다고 해도 꿈을 가진다는 것은 중요하다. 인생에는 피할 수 없는 상실도 있지만, 조금씩 사라져가는 꿈이나 희망은 노력 여하에 따라 돌이킬 수도 있는 상실이다.

하나의 상실은
여러 상실을 동반한다

다섯 가지 상실을 설명할 때도 언급했지만, 살아가면서 맞닥뜨리는 사건의 성질이나 주변 상황에 따라 하나의 상실 체험이 파급력을 발휘하면서 다른 상실 여러 개를 부수적으로 동반하는 일도 있다. 이처럼 첫 번째 상실과 동시에 찾아오는 부수적인 상실, 또는 첫 번째 상실의 결과로 생기는 물질적 상실이나 심리사회적 상실을 '부차적 상실'이라고 한다.

예를 들어 사고나 질병으로 신체 일부분이나 기능을 잃어버려서 오랫동안 꿈꾸어온 미래를 포기할 수밖에 없는 경우가 있다. 실직했다면, 수입뿐 아니라 자존심이나 꿈, 동료들까지 동시에 잃게 된다. 직장에서 자신이 맡았던 역할을 충실하게 수행하려고 노력했던 사람에게 실직은 존재 의미의 근거를 모두 잃어버리는 사건이기도 하다. 또한 노숙자가 되어 길거리를 전전하는 사람은 집이나 재산은 물론이고 과거에 알고 지내던 사람과의 인간관계를 모두 상실한 셈이다. 뿐만 아니라 집과 직업을 잃고 노숙자가 되었다는 사실은 그 사람의 자신감과 자존감을 송두리째 앗아가고, 삶에 대한 희망조차 앗아갈 위험이 있다.

사별의 경우, 첫 번째 상실은 사랑하는 사람의 죽음 그 자체이지만 한 가정의 경제를 책임진 가장의 죽음이라면 수입이 끊기면서 경제적 문제가 따를 것이다. 특히 전업주부였거나 경력단절 상태의 여성이 혼자서 자녀를 공부시켜야 하는 경우, 경제적 불안감은 매우 크다. 직장을 알아보거나 남편이 하던 사업체를 물려받으면서 새로운 스트레스를 겪을 수 있다. 고인이 생전에 가족 간에 유대감을 이어주는 존재였다면, 단란했던 가족이 어긋나면서 또 다른 상실감을 불러오기도 한다. 이렇게 하나의 상실 체험을 시작으로 설상가상으로 다른 상실이 겹치면서, 정신적인 고통은 더욱 가중되고 더 오래 지속된다.

외동으로 키우던 딸이나 아들을 잃은 사람은 부모로서의 정체성과 역할을 잃는다. 특히 사회적 인간관계 속에서 상대방에 맞추어 자신을 인식하는 경향이 높은 문화권의 사람이라면 자녀와의 관계에서 조금씩 형성되어온 부모로서의 정체성은 그 관계가 끊어짐과 동시에 저절로 붕괴될 위기를 맞는다. 그 결과 '나는 과연 누구인가? 지금껏 살아온 인생의 의미가 무엇이었는가?'와 같은 질문을 자기 자신에게 던지며 심한 허무를 느낀다. 자녀를 매개체로 이어지던 인간관계가 단절되는 경우도 많아서 사회적으로 고립될 가능성도 있다. 유족이 '내 몸의 일부가 사라져버린 느낌'이라는 말을 하는 바탕에는 이런 허무가 자리하고 있는 것이다.

사람은
두 번 죽는다

물질적인 존재가 완전히 사라졌어도 기억 속의 존재까지 깨끗이 사라지는 것은 아니다. 오랫동안 살아온 정든 집이나 고향을 떠나온 후 몇십 년의 세월이 흘러서 이제는 살던 집도 없어지고 고향의 풍경조차 완전히 바뀌어버렸다고 해도 마음속에는 예전의 풍경이 여전히 생생하게 살아 숨 쉰다.

사별의 경우에도 고인의 육체는 사라지지만 유족의 마음속에서 사랑했던 사람의 존재가 사라지는 것은 아니다. 살면서 힘든 일을 겪을 때마다 고인이라면 어떻게 대처했을까 생각해보거나, 어떻게 살아야 고인이 좋아할까 상상해볼 수 있다. 이처럼 생전에 고인이 보여준 삶의 방식이나 가치관은 남겨진 사람들의 인생에서 나침반 역할을 하면서 계속 이어진다.

영국의 동화작가이자 일러스트레이터로 마더구스상을 수상한 수잔 발리Susan Varley의 첫 그림책《오소리의 이별 선물》의 일부를 소개해보겠다.

오소리는 자신의 나이로 보아 이제 죽을 날이 얼마 남지 않았다는 사실을 알고 있었어요.

오소리는 죽음을 두려워하지 않았어요. 죽어서 몸이 사라지더라도 마음은 남는다는 사실을 알고 있었기 때문이에요. 그래서 예전처럼 몸이 잘 움직여지지 않아도 불평을 늘어놓지 않았어요.

두더지는 가위 쓰는 법을 오소리에게서 배웠어요. 개구리는 스케이트 타는 법을, 여우는 넥타이 매는 법을, 그리고 토끼는 요리를 배웠지요.

모두들 어떤 작은 것이라도 오소리와의 추억이 있었어요. 오소리는 친구들 모두에게 헤어진 다음에도 보물이 될 수 있는 지혜와 아이디어를 남겨주었답니다.

오소리가 죽은 해에도 겨울은 찾아왔고, 다시 또 봄이 되었어요. 오소리가 남겨준 것들의 풍요로움 속에서 모두의 슬픔도 서서히 희미해졌습니다.

'기억에서 잊힐 때 사람은 두 번 죽는다'라는 말이 있듯이 육체의 죽음이 찾아오더라도 남은 사람의 기억에서 잊히지 않는 한, 영원히 살아 있다고 여길 수 있다. 적어도 고인과 강한 유대감을 느끼는 사람이라면 모습은 보이지 않더라도 늘 고인과 함께 살아가는 것이다. 고인의 사진을 지니고 다니면서 생각날 때마다 고인에게 말을 걸기도 하고, 불단이나 묘지 앞에서 고인과 대화를 나누는 유족도 많다.

유족과 고인의 물리적인 만남은 죽음으로 인해 힘들어지겠지만, 유족의 마음에 간직된 고인과의 유대감은 끊어지지 않고 이어진다. 남겨진 사람들이 고인에 대한 추억까지 모두 깨끗이 잊고 새로운 삶을 살아가는 것은 아니다.

'기억에서 잊힐 때 사람은 두 번 죽는다'라는
말이 있듯이 육체의 죽음이 찾아오더라도
남은 사람의 기억에서 잊히지 않는 한,
영원히 살아 있다고 여길 수 있다.

때로는 잃어버릴
필요도 있다

상실은 가능하면 피하고 싶은 체험이기는 하지만, 때로는 꼭 필요한 경우도 있다. 예를 들어, 인간은 발달 과정에서 현실과 맞지 않는 낡은 목표나 이미지는 버리고 그 대신 새로운 목표나 이미지를 형성한다. 꿈을 좇는 삶을 부정할 생각은 없지만, 비현실적인 목표에 집착하는 것은 바람직한 태도가 아니다.

그 대표적인 것으로 자식과의 분리를 들 수 있다. 가족 생애 주기에서 자녀가 자립하는 시기가 되면, 부모는 과도하게 간섭하는 대신 자녀의 자율성을 존중하는 태도를 갖춰야 한다. 부모와 자식이 적절히 분리되는 것이 이 시기의 과제인데, 그 과정에서 큰 상실감이 동반되기도 한다. 대학 진학이나 취직 등으로 자녀가 혼자 살게 되거나 결혼하여 새로운 가정을 만들면, 부모는 부모로서의 역할이 사라지고 삶의 의미가 없다는 생각에 공허함과 무력감에 빠지면서 우울감 및 신체적 이상을 보이기도 한다. 이러한 상태를 '빈 둥지 증후군'이라고 하는데, 자녀와 심리적 분리가 제대로 이루어지지 않은 상태라고 할 수 있다.

한편 자녀도 부모로부터 독립해야 한다. 부모에게만 의지할 것이 아니라 스스로 삶을 살아갈 수 있도록 자립하는 것이다. 그러나 내각부*가 내놓은 〈2018년 자녀·젊은 층 내각 백서〉에 따르면 만 15~39세의 비노동력 인구 중 집안일도 하지 않고 학교도 다니지 않는 청년 실업자가 71만 명에 이른다고 한다. 그중에는 질병이나 사고 등 부득이한 사정이 있는 경우도 있지만, 특별한 이유도 없이 부모에게 의존하는 젊은이들도 적지 않다. 한국도 사정은 비슷하다. 국회예산정책처의 분석에서도 한국의 청년 니트족 인구는 2015년 163만 명, 2016년 168만 명, 2017년 174만 명으로 계속 증가하는 추세다.

일본에서는 자녀를 중심으로 가족 관계가 유지되는 경향이 강해서 자녀를 독립시키기가 쉽지 않다는 분석도 있다. 주택 사정이 좋고 경제적 여유가 있어서, 자녀에게 결혼이나 독립을 굳이

---

* 일본의 행정기관 중 하나로, 내각의 중요 정책에 관한 기획 및 조정을 담당

권하지 않고 본인이 알아서 하게끔 내버려두는 부모도 많다.

자녀가 홀로서기에 성공하기 위해서는 먼저 부모가 자녀에게서 스스로 분리될 필요가 있다. 부모와 자녀의 분리는 건전한 삶의 과정이며, 어느 정도 아픔이 따른다 할지라도 가족 생애 주기에서 이루어져야 하는 긍정적인 상실 체험이다.

상실의 슬픔을 인정받지 못하면
더 깊은 슬픔에 잠기게 된다

상실의 크기에 대한 본인의 주관적 평가와 다른 사람의 인식이 크게 엇갈릴 때가 있다. 당사자는 중대한 상실을 겪으며 정신적 고통에 시달리는데, 주위 사람들은 그 상황을 이해하지 못하거나 아예 그런 상실을 겪고 있다는 사실을 모르는 것이다.

예를 들어 유산이나 사산을 했을 때, 당사자에게 그 사건은 매우 큰 상실이지만 그 심각성이 사회적으로 충분히 인정된다고는 볼 수 없다. 가족도 제각기 생각이 달라서 의견이 일치하지 않기도 한다. 사산을 겪은 지 얼마 안 되는 어떤 여성은 퇴원해서 집에 돌아왔는데 태어날 아기를 위해 준비했던 아기 옷과 기저귀, 아기 침대 등이 마치 아무 일도 없었다는 듯 깨끗하게 치워져 있어서 가슴이 찢어지는 것 같았다고 말했다. 정작 치워준 가족들은 그녀가 괜히 신경 쓸까 봐 그랬던 것이었다고 해명했다.

사산을 경험한 여성 중 많은 이들이 아기의 손이나 발 모양을 본떠 만든 모형이나 머리카락, 손톱, 사진 등 아기가 세상에 머물렀다는 증거를 절실히 남기고 싶어 한다. 세상을 떠나기는 했어도 엄마에게 그 아기는 '살아 있었던 내 자식'이며, 아기가 살아 있었다는 흔적을 남기는 행위는 사산한 여성의 심리 치유에도 중요한 과정이다. 만으로 나이를 세는 것은 태어난 순간부터 삶이 시작된다고 보고 나이를 계산하는 것이지만, 배 속에 아기를 품은 엄마의 입장에서 아기는 출생 전부터 존재하므로 태어난 순간을 한 살로 보는 쪽이 더 맞는 방식일지도 모른다.

이처럼 주위 사람들로부터 이해나 공감을 받지 못하는 상실 체험을 '인정받지 못하는 슬픔disenfranchised grief'이라고 한다. 공감이나 인정을 받지 못하는 슬픔에 빠지면 당사자는 고립감을 느끼고 주변에서 도움받을 가능성도 낮아져 정신적 고통이 장기화될 위험이 있다. 다른 사람이 느끼는 상실감의 무게를 자신의 잣대로 잴 것이 아니라, 당사자 입장에서 얼마나 상실감이 큰지 이해하기 위해 노력해야 하는 이유다.

반려동물의 죽음도 예전에는 공감하기 어려웠지만, 최근에는 펫 로스라는 단어가 나올 만큼 그 상실의 깊이를 공감하는 사람들이 늘고 있다. 그렇지만 펫 로스에 대한 이해도 사회적으로 널리 확산된 상황이라고 하기는 어렵다. 고작 동물 한 마리 죽은 것 가지고 유난을 떤다며 손가락질하는 주변 사람들의 이해 부족 때문에 상실의 고통을 더 크게 겪는 사람이 여전히 많다.

모호한 상실은
고통과 갈등을 남긴다

미국의 가족치료사인 폴린 보스Pauline Boss는 '모호한 상실ambiguous loss'이라는 개념을 제안했는데, 여기에는 두 가지가 있다.

첫 번째는 육체적으로는 존재하지 않지만 심리적으로는 존재한다고 느끼면서 경험하는 상실이다. 홍수 등의 재난이나 산악 조난 사고 등으로 실종되어 생사를 확인할 길이 없는 사람의 가족이 느끼는 상실감으로, 살아 있을 가능성은 매우 희박하지만 시신이 발견되지 않은 것이 전형적인 경우다. 후쿠시마 동일본 대지진 발생 후 8년이 지난 지금도 2,500명 이상은 행방불명 상태라고 한다. 또한 유괴범에게 자식을 납치당한 부모가 겪는 상실감도 이에 해당한다.

일반적인 사별이라면 남은 가족은 영원한 이별이 찾아왔음을 인정하고 애도의 과정을 거치면서 마음을 추스르지만, 생사를 알 수 없는 이별의 경우에는 애도 과정에 접어드는 것 자체가 어렵다. 이러한 상황에 놓인 사람은 불확실한 상황이 계속되는 것을 견디기 어려워서 무기력함, 우울감, 불안감과 같은 증상을 보이기 쉽고, 다른 가족과 의견이 맞지 않아서 갈등을 빚기도 한다. 이런 종류의 상실을 받아들이기 힘든 것은 당연하다. 그 원인이 피해 당사자나 가족 누군가에게 있는 것이 아니라, 복잡한 상황으로 인한 것이기 때문이다.

두 번째 경우는 육체적으로는 존재하지만 심리적으로는 존재하지 않는다고 느끼면서 경험하는 상실이다. 치매나 만성 정신질환을 앓는 가족을 둔 사람들이 경험하는 상실 등이 이에 포함된다. 심각한 치매를 앓는 환자는 육체는 그대로라도 말과 행동거지가 다른 사람처럼 보인다. 심지어 평생 함께 산 가족을 몰라보기도 한다. 이런 모호한 상실은 가족에게 앞이 보이지 않는 막막함과 극심한 스트레스를 가져다준다. 〈고령 사회 백서〉(2017)에 따르면 일본의 치매 환자는 2012년에 462만 명이었는데 2025년에는 730만 명(만 65세 이상의 인구 다섯 명 중 한 명), 2060년에는 1,154만 명(만 65세 이상의 인구 세 명 중 한 명)에 이를 것으로 추산된다. 한국 보건복지부 조사에서도 한국의 치매 환자는 2013년

57만 6천 명이었으며 2040년에는 127만 2천 명, 2050년에 271만 명에 육박할 것으로 예측하고 있다. 치매 환자의 뚜렷한 증가세로 보건대, 앞으로 모호한 상실로 인해 고통을 겪는 가족의 숫자도 증가할 것이다.

후쿠시마 원전 사고 당시, 피난 지시 구역에 거주했던 주민들 역시 후자의 상실감과 싸워왔다. 태어나서 자란 정든 고향은 분명히 존재하지만, 더 이상 예전의 고향은 아니며 되돌아갈 수도 없다. 이러한 불안정한 상황에서 그들은 오랫동안 심각한 고뇌와 갈등을 겪고 있다.

아이의 상실은
특별하다

어른과 마찬가지로 어린아이도 일상생활에서 여러 가지 상실을 체험한다. 아이는 잃어버렸다고 느끼는데도 주위 어른들이 알아차리지 못하기도 하고, 때로는 어른들이 상상하는 것보다 훨씬 심각한 상실을 겪기도 한다. 소아정신과 의사인 모리 세이지森省二에 따르면, 어린이는 인생 경험이 많지 않기 때문에 새로 만나는 것이 모두 신선해 보이고 친근한 대상에 대해 강한 애착을 느끼기 쉬워서 기르던 금붕어가 죽거나 친구들로부터 따돌림을 당하면 깊은 슬픔과 외로움에 사로잡힌다고 한다.

어린아이에게 심각한 상실 체험 중 하나로 조부모의 죽음이 있다. 어린아이가 조부모의 죽음을 받아들이는 방식은 어른들과 다르다. 죽음의 개념을 이루는 요소에는 자신도 포함하여 생명이 있는 존재는 반드시 죽는다는 '보편성(또는 불가피성)', 한번 죽은 육체는 살아나지 않는다는 '불가역성', 살아 있는 동안에 작동했던 기능은 죽는 동시에 끝난다는 '최종성(또는 비기능성)'이 있는데, 어린아이가 느끼는 죽음의 개념은 미성숙한 상태라 어른의 개념과 반드시 일치하지는 않는다.

24개월 정도의 아이는 죽음을 이해하지 못하고, 처음부터 눈에 보이지 않는 것은 존재하지 않는다고 인식한다. 그러다가 까꿍 놀이나 숨바꼭질을 통해 보이지 않아도 사람이나 물건이 존재할 수 있다는 사실을 배운다. 만 3~5세의 어린이는 죽음은 일시적인 것이고 죽은 사람도 언젠가 돌아올지도 모른다고 생각하는 경향이 있다. 만 5세를 넘기면서 어른과 마찬가지로 죽음을 이해하기 시작하고, 만 9~10세 전후로 죽음에 대한 개념이 성숙해진다.

다만, 죽음에 대한 개념이 발달하는 과정에는 지능이나 목숨과 관련된 질병 체험, 가족의 질병과 죽음, 문화적 요인 등이 영향을 미친다. 따라서 몇 살이 되어야 어른과 같은 개념이 형성되는지 딱 잘라 말할 수는 없다. 말기 암으로 투병하던 부모의 죽음을 경험한 어린이를 대상으로 미국에서 실시한 인터뷰 조사(Christ, 2000)에 따르면, 만 6~8세 정도에는 '최종성'을 이미 이해하며 부모가 죽기 전에 자신의 병에 대해 자녀에게 설명했을 경우에는 사별에 대해서도 잘 대처할 수 있었다고 한다.

조에쓰上越교육대학교 명예교수인 도쿠마루 사다코得丸定子는 암으로 아버지를 잃은 초등학교 6학년 여자아이의 사례를 소개했다. 아이는 아버지가 사망하기 직전까지 증상이나 예후 등에 관해 정확히 이야기를 듣지 못했다. 아버지가 눈을 감았을 때, 비로소 아이는 지금까지 주위 사람들이 모두 입을 다물고 있었음을 알게 되었다. 장례식이 끝나자 아이는 가족과도 말을 하지 않고 방에 틀어박혔으며, 등교까지 거부했다. 그리고 중학생이 된 후에도 상태가 좋아지지 않았다고 한다. 이 아이에게는 아버지의 죽음이 '예측 불가능한 죽음'이었다. 그래서 마음의 준비를 할 시간이 없었고 당연히 받아들이기가 어려웠다. 게다가 가족들이 자신을 속였다는 생각에 더 이상 가족을 믿을 수 없어 괴로워했다.

어린아이에게 냉정한 현실을 알려주기란 힘들지만, 가족의 죽음뿐 아니라 반려동물의 죽음이라고 해도 갑작스러운 상실을 맞닥뜨리게 하는 것은 가혹한 일이다. 상실이 예견된다면, 학교에 들어가기 전의 아동이라고 해도 얼렁뚱땅 넘어갈 것이 아니라 아이에게 맞는 언어로 현실을 있는 그대로 전달하고 이별을 준비할 수 있게 해야 한다.

잃고 나면 무엇이 달라지는가?

상실의
영향들

상실 후에 비탄이
우리를 집어삼킨다

상실의 '실失'이라는 한자는 무녀가 신에게 기원을 올리기 위해 몸을 휘면서 춤을 추는 모습을 본뜬 형태로, 절정의 상태에 오른 사람의 모습, 다시 말해 무아지경에 빠진 상태를 나타낸다고 한다. 갑작스럽게 찾아오는 예기치 못한 상실을 겪고 너무나 큰 충격을 받은 나머지 머릿속이 새하얗게 변하고 멍해지는, 망연자실한 상태에 빠지는 사람의 모습이 어쩐지 연상된다.

필자가 만났던 유족 중에 초등학생 자녀를 사고로 잃어버린 여성이 있었다. 그녀는 그 사건에 대해 '마치 남의 일인 것처럼, 정신을 차려보니 어느새 장례식이 끝난 상태였다'라고 회상했다.

중대한 상실을 마주하면 감정이 마비된 것 같은 느낌이라 아무것도 느끼거나 생각할 수도 없고, 희한하게도 눈물이 나오지

않을 수도 있다. 일본의 근대 시인 이시카와 다쿠보쿠石川啄木의 작품집《한 줌의 모래–握の砂》에는 태어난 지 24일 된 귀여운 자식을 잃어버린 부모의 슬픔을 묘사한 구절이 있다.

슬픔이 강하게 찾아오지 않는

외로움이여

내 아이의 몸은 식어가는데

이 구절은 차갑게 식어가는 아들의 시신을 눈앞에 두고 눈물조차 흘리지 못하는 시인의 심정을 읊은 것으로, 자식의 죽음을 맘껏 슬퍼하지 못하는 부모의 자책감이 전해진다.

이처럼 상실에 대한 육체적·심리적 반응 및 증상은 다양하다. 이러한 반응이나 증상을 영어로는 '그리프grief'라고 한다. 그리프는 '비탄悲嘆' 또는 '비통悲痛'으로 번역하며 '슬퍼하며 한탄한다'는 뜻이다. 어원은 '무겁다'는 뜻의 라틴어 'gravis'이며 고대 프랑스어를 거쳐 변화하면서 '마음이 슬픔으로 무거워졌다'는 의미를 나타내게 되었다.

특정한 증상이 아닌 여러 가지 반응 및 증상을 포괄적으로 나타내는 단어인 '그리프'는 증후군의 하나로 다루어진다. 한편 일본어의 '비탄'은 사전적인 정의를 보면 '슬퍼하며 한탄하는 것'이므로, '그리프'보다는 상당히 한정적인 의미를 나타낸다. 그래서 연구자나 임상가 중에는 '비탄'이라고 번역하는 대신, 영어를 그대로 사용하는 사람도 있다. 이 책에서는 일반적인 의미가 아니라 '그리프'라는 의미로 '비탄'이라는 말을 사용하기로 한다.

상실로 인해 경험하는 비탄은 길든 짧든 간에 일시적인 반응이며, 누구나 경험할 수 있는 정상적이고 자연스러운 증상이다. 슬픔이나 분노 등 몇 가지 특징적인 반응이 있기는 해도 절대적인 기준은 없다. 몸과 마음에 미치는 영향은 결코 무시할 수 없지만, 기본적으로 비탄은 질병이 아니다.

슬픔이 강하게 찾아오지 않는
외로움이여
내 아이의 몸은 식어가는데

그 사람 대신
내가 죽었더라면

사별에 관한 연구에서 비탄은 주로 슬픔, 분노·초조함, 불안·공포, 죄책감, 절망, 고독감, 상실감 등의 '감정적 반응', 현실 부정, 비현실감, 무력감, 기억력과 집중력 저하와 같은 '인지적 반응', 피로감, 울기, 동요·긴장, 집에 틀어박히기, 탐색 행동 등과 같은 '행동적 반응', 식욕부진, 수면장애, 기력 상실, 면역 기능 저하와 같은 '생리적·신체적 반응'의 네 가지로 분류된다. 반응의 종류나 강도는 사람마다 다르다. 그리고 시간의 흐름과 함께 각 개인이 느끼는 반응도 달라진다.

상실에 대한 비탄 반응은 슬픔만 있는 건 아니다. 상황에 따라서는 슬픔보다 분노나 죄책감을 더 강하게 느끼는 경우도 있다. 분노의 화살은 주변 사람에게 향하는데, 갈 곳을 잃은 분노가 얼토당토 않은 형태로 나타나서 가까운 사람들과 갈등을 빚기도 한다.

청소년기에 지진으로 언니와 사별한 여성은《마음의 치료—고베 대지진에서 도후쿠 지역으로心のケア──阪神 淡路大震災から東北へ》라는 책에서 당시의 기분을 다음과 같이 고백한다.

> 죄책감이 들었어요. 잠자리 위치가 달랐더라면 내가 대신 죽었을지도 몰라요. 내가 대신 죽었더라면, 그래서 언니가 살았더라면 엄마 아빠는 그렇게 슬퍼하지 않았을지도 모르는데, 하고요. 지금 생각해보면 결과론에 치우친 단순하기 그지없는 생각인데 부모님이 슬퍼하는 모습을 보니 그런 생각을 하게 되더라고요.

재난이나 사고로 인해 가족은 죽고 자신은 목숨을 건졌거나, 자식이나 손주, 형제가 세상을 떠난 경우에는 지금 생존해 있는 것만으로도 뭔가 나쁜 짓을 저지르는 것처럼 느끼기도 한다. 이러한 죄의식을 '생존자의 죄책감survivor's guilt'이라고 하는데, 이로 인해 고통을 겪는 사람들도 많다.

중대한 상실 때문에 가슴에 구멍이 뚫린 것 같은 공허함이나 가슴 깊이 스며드는 고독감에 사로잡히는 일도 드물지 않다. 특히 고령자는 배우자나 친구 및 지인과의 사별, 정년퇴직이나 자녀의 독립 등으로 인한 상실감을 한꺼번에 집중적으로 겪다 보면 고독감에 빠지기 쉽다. 체력이 떨어져서 외부에서 활동하는 시간도 줄어들고 사회적 관계망도 좁아지면 고독감은 더욱 심해진다. 이른바 독거노인이라고 하는 고령자의 고립이다.

사회적 고립만이 고독감을 불러일으키는 것은 아니다. 다른 이들과 사회적으로 교류하면서도 '나를 제대로 이해해주는 사람이 아무도 없다'며 괴로워하는 사람도 있다.

비탄은 본질적으로
분리불안이다

영국의 정신과 의사 존 볼비John Bowlby의 '애착 이론'에 따르면
비탄은 본질적으로는 '분리불안'이다. 이 이론은 어린이의 발달
과정에서 부모와 자녀 사이의 친밀하고 정서적인 유대, 즉 애착
에 주목한 것이다. 이에 따르면, 부모는 아이가 외부 세계를 탐색
하러 나갈 때 안전 기지가 되어주는 존재이기 때문에 애착의 대
상인 양육자와 분리되었을 때 아이가 불안이나 저항을 느끼는데
이를 분리불안이라고 한다.

가족이나 반려동물의 죽음, 자신 또는 가족의 질병, 부모의 이
혼, 전학, 새로운 곳으로의 이사 등에 따른 상실로 정신질환인 분
리불안이 생기기도 한다. 분리불안의 특징은 애착을 느끼는 인물
이나 집 등의 대상에서 분리되면서 느끼는 불필요한 공포심이나

불안인데, 부모의 과잉보호나 지나친 간섭, 유전적 요인도 영향을 미칠 수 있다. 분리불안을 보이는 아이는 혼자 방에 남겨지거나 심부름을 다녀오거나 캠프에 참가하는 것을 거부하는 경향이 있다. 유병률°은 소아기부터 청년기, 성인기에 걸쳐서 점점 낮아지지만, 청년이나 성인 중에서도 심한 분리불안은 일어날 수 있다. 분리불안을 보이는 성인은 자녀나 배우자를 지나치게 걱정하며, 그들과 분리되는 것에 심한 불쾌감마저 느낀다고 한다.

자신과 타인에 대한 신뢰는 중대한 상실에 대처할 때 필요한 기반이다. 미국의 정신분석학자 에릭 H. 에릭슨Erik H. Erikson은 이를 '기본적 신뢰basic trust'라고 부른다. 기본적 신뢰는 영유아기에 어머니와 바람직한 관계를 맺고 적절한 육아 과정을 거치며 완성되는데, 이때 안정적인 애착 유형이 형성된다. 만 2~3세의 유아가 혼자서도 놀 수 있는 것은 자유롭게 이동할 수 있는 신체 능력 때문이기도 하지만, 어머니와 떨어진 곳에 있어도 돌발 사태가 일어나면 분명히 나를 도와주러 올 것이라는 신뢰가 형성되어 있기 때문이다.

• 현재 질병에 걸린 인원 수를 특정 기간의 전체 인구 집단의 사람 수로 나눈 것으로 특정 시점에서 한 개인이 질병에 걸려 있을 확률의 추정치

안정적인 애착 유형을 지닌 사람은 자신은 가치 있는 사람이며 애정이나 지원을 받을 자격이 있다는 긍정적인 자기 이미지를 지닌다. 이와 달리 기본적 신뢰가 부족하고 불안정한 애착 유형을 지닌 사람, 특히 대인 관계를 원하면서도 애착 관계가 무너질까 봐 크게 두려워하는 사람은 간신히 유지하던 애착 대상을 빼앗겼을 때 심한 우울감을 느낄 확률이 높다. 이런 사람은 타인에게 의지할 수도 없어서 새로운 인간관계를 맺기 어려워 고립되기 때문에 중대한 상실에 제대로 대처하기가 힘들 수 있다.

비탄과
우울증은 다르다

가까운 사람과의 사별이나 경제적 파산, 재난, 중증 질환·장애 등과 같은 중대한 상실과 마주친 사람 중에는 깊은 슬픔과 그에 따른 불면, 식욕부진, 체중 감소 등 우울증의 특징을 보이는 경우도 있다. 이러한 증상은 비탄이자 상실에 대한 정상적인 반응이라고 볼 수 있지만, 우울증의 가능성을 신중하게 검토해야 한다. 미국정신의학회가 2013년에 내놓은《정신장애 진단 및 통계 편람 제5판The Diagnostic and Statistical Manual of Mental Disorders, 5th Edition》*에서는 비탄과 우울증을 구별하는데, 각 특징에 대해 다음과 같이 정의한다.

---

* 정신장애를 진단하는 임상적 증상이나 임상적 관심을 기울일 필요가 있는 증상이 실려 있음

- 비탄에서 우세한 감정은 공허함과 상실감이며, 우울증에서 우세한 감정은 지속적인 우울감 및 행복하거나 기쁜 상태를 기대하기 어려운 기분이다.
- 비탄의 경우, 파도처럼 반복해서 찾아오는 발작적인 고통이 있는데 짧으면 며칠, 길면 몇 주에 걸쳐 사라진다. 이 감정의 파도가 고인에 대한 생각이나 추억과 맞물리면 갑자기 고통이 심해지기도 한다. 우울증에서 나타나는 우울감은 만성적으로 이어질 수 있고 어떤 특정 사건과 반드시 연관되지는 않는다.
- 비탄의 고통은 긍정적 감정이나 유머를 동반하는 경우도 있고, 고인과 함께 경험한 이런저런 에피소드를 떠올리게도 한다. 이는 우울증에서 나타나는 전반적인 불행감이나 고뇌에서는 볼 수 없는 특징이다. 비탄과 관련된 사고 유형은 일반적으로 고인에 대해 몰두하는 특색을 보이며, 우울증에서 볼 수 있는 자기비판적 또는 비관적인 반추적 사고와는 성격이 다르다.
- 비탄에 있어서 일반적으로 자존심은 유지되지만, 우울증은 '나는 가치 없는 인간'이라며 자신을 무가치한 존재로 여기거나 자기혐오에 빠져드는 경우가 많다.

실제로 중대한 상실로 인해 우울증이나 정신질환을 겪는 사람이 있다. 예를 들어 배우자와 사별한 경우, 사별 후 한 달 내에 50%, 두 달 내에 25%, 1년 내에 16%, 2년 내에 14~16%에 해당하는 사람들이 우울증 진단을 받았다는 연구 보고가 있다(Zisook, 2000).

또한 폭력적 사건 때문에 가족이나 친구가 실제로 사망하거나 죽음 직전까지 갔을 경우에는 급성 스트레스 장애나 외상 후 스트레스 장애PTSD에 빠질 위험도 있다. 사고나 자살 또는 타살로 자녀를 잃은 부모 173명을 대상으로 실시한 연구에서는 사별하고 5년이 지난 시점을 기준으로 모친의 27.7%, 부친의 12.5%가 PTSD 진단 기준에 부합하는 증상을 보였다는 보고가 있다(Murphy et al., 2003).

사람뿐 아니라 반려동물과의 사별로도 정신건강 면에서 증상이 나타난다. '정신건강 조사표GHQ'로 일본의 동물 화장터를 이용한 사람들을 조사한 결과, 반려동물과 사별한 직후에는 응답자의 약 60%, 사별 후 4개월이 지났을 무렵에는 응답자의 약 40%가 정신질환을 겪을 위험이 있다는 판정을 받았다(木村 외, 2016). 도쿄의 반려동물 전문 손해보험회사인 아이펫손해보험주식회사가 2017년 8월에 인터넷을 통해 개나 고양이와 사별한 경험이 있는

만 30~59세의 남녀를 대상으로 실시한 조사에서는, 약 60%가 펫 로스로 인해 '갑자기 슬퍼지더니 주체할 수 없이 눈물이 흘렀다'고 응답했으며 그 밖에도 피로감, 허탈감, 무기력함, 어지럼증, 식욕부진 또는 과식, 불면증 등의 증상을 호소했다.

가끔은 사별한 이를
뒤따르고 싶어진다

영화배우이자 감독이었던 쓰가와 마사히코津川雅彦가 심부전증으로 사망한 것은 아내이자 영화배우였던 기키 기린樹木希林이 숨을 거둔 지 99일이 지났을 때였다. 로큰롤 뮤지션이었던 우치다 유야内田裕也도 아내의 뒤를 따르기라도 하듯 세상을 떠났다.

배우자와의 사별이 사망 위험을 높인다는 사실은 지금까지 많은 연구를 통해 보고된 바 있다. 1657년에 영국의 헤베르덴Heberden 박사가 런던에서 해마다 사망하는 이들의 사망 원인을 분류한 보고서를 보면 '비탄'을 사망 원인 중 하나로 기재하고 있다. 이렇게 일찍부터 비탄은 사망 원인 중 하나로 여겨졌고, 많은 의사가 이를 환자의 증상으로 기록했으며, 비탄이 환자의 정신 상태를 망치는 원인으로 믿었다.

배우자와의 사별에 관련한 최근의 수준 높은 코호트 기반 연구에서도, 배우자를 잃은 사람은 배우자가 살아 있는 사람에 비해 사망률이 높아지고 있다는 사실이 확인되었다. 결론적으로는 남성이 여성보다 그 증가 폭이 컸으며, 만 65세 미만의 연령대와 사별 후 6개월 미만의 시기에 특히 확률이 높았다(Moon et al., 2011).

캘리포니아에 거주하는 부부 1만 2,522쌍을 대상으로 23년간 추적 조사를 실시한 결과에 따르면, 사별을 겪은 후 7~12개월까지의 사망 위험도는 배우자가 건재한 그룹과 비교했을 때 원래 건강상 문제가 있었던 남성은 1.56배, 건강상의 문제가 없었던 남성은 2.12배로 나타났다(Schaefer et al., 1995). 이 결과를 통해, 아내가 살아 있었을 때 매우 건강했던 남성이라도 아내를 잃은 후부터 건강에 문제가 생겨서 사망에 이를 위험이 높아진다는 사실을 알 수 있다. 이 연구에는 사별 후 2년 이상이 지난 시점에 실시한 조사 결과도 포함되어 있는데, 배우자가 건재한 그룹에 비해 배우자와 사별한 그룹의 사람들이 남녀 모두 사망 위험도가 더 높았다. 배우자의 사별이 미치는 영향이 장기화될 수도 있음을 보여주는 결과다.

사망률 증가와 관련된 질환 중 하나로 심장병을 들 수 있다. 사별에 관한 연구나 지원 활동 분야에서 세계적인 권위자인 영국의 정신과 의사 콜린 M. 파크스Colin Murray Parkes는 아내와 사별한 남성을 대상으로 한 초기의 연구에서 사별 후 6개월 이내에 홀로 남겨진 남편의 사망률이 높아진다는 사실을 확인했다. 그리고 주요 사망 원인으로 심장병, 특히 관상동맥혈전증과 기타 동맥경화증을 들었다.

국립암센터와 오사카대학교 등이 4만 9,788명을 대상으로 실시한 조사 결과에서는, 배우자가 건재한 그룹에 비해 사별하거나 이혼한 그룹의 뇌졸중 발병 위험도가 남녀 모두 1.26배 높다는 사실이 나타났다. 배우자와의 사별이나 이별은 자살로 이어질 위험도 있다. 아내와 사별한 어느 50대 남성은 이렇게 말했다.

집사람이 죽고 나서 1년 정도는 늘 우울한 기분이었어요. 이 베란다에서 떨어지면 죽을 수 있을까, 계속 그 생각만 들더군요. 아이가 없었더라면 벌써 목숨을 끊었을지도 모릅니다. 그때마다 어떻게든 아이를 키워야 한다고 마음을 다잡았어요.

후생성에서 발표한 〈2018년도 자살 대책 백서〉에서는 배우자와 사별이나 이별을 겪은 사람들의 자살 위험도가 높다는 사실이 보고되었다. 인구 10만 명당 자살자 수를 나타내는 자살 사망률을 보면, 만 60세 이상 남성의 경우 유배우자 그룹은 21.4명이지만 사별자 그룹은 51.0명으로 2배 이상 높았으며, 배우자와 이별한 그룹은 80.9명으로 거의 4배에 달했다. 만 60세 이상 여성의 경우에는 유배우자 그룹은 10.4명이었지만 사별자 그룹은 16.2명, 배우자와 이별한 그룹은 21.5명으로 나타나서 사별이나 이별의 경험과 자살 위험도에 연관성이 있음이 드러났는데, 남성이 훨씬 심하다고 할 수 있다.

고인을 되살리려는 행위는
고통을 심화시킬 뿐이다

사별의 경우, 일반적인 비탄과 달리 일반적이지 않은 비탄은 '복잡성 비탄Complicated Grief, CG'이라고 부른다. 예전에는 '병적인 비탄'이라고도 했는데, 2000년대 이후에는 이 용어가 널리 쓰이고 있다.

복잡성 비탄은 '비탄의 특정 증상 또는 일반적인 증상의 지속 기간 및 강도, 사회적·직업적, 기타 중요한 영역의 기능 장애 수준과 관련하여, 사별로 인해 예측 가능한 (문화적) 기준에서 임상적으로 의미 있는 수준만큼 벗어나 있는 상태'로 정의된다.

미국의 심리학자인 조지 A. 보나노George A. Bonanno에 따르면, 복잡성 비탄에 빠진 사람은 항상 고인에 관해서만 생각하고 다른 사람은 눈에 들어오지 않으며 고인만 반복적으로 찾는다. 그들이 원하는 것은 고인을 되살리는 것뿐이다. 역설적이지만, 사랑하는 사람이 죽었을 때 필사적으로 이를 되돌리려는 행위는 위로가 되지 못하며 고통을 심화시킬 뿐이라고 한다.

최근 연구에서는 이와 같은 복잡성 비탄이 심장병, 고혈압, 암, 면역 기능 저하, 삶의 질Quality of Life, QOL 저하와 같은 건강상의 위험과 관련이 깊으며, 동시에 자살 충동, 직업이나 사회적 기능의 결여, 과도한 흡연 및 과음처럼 건강을 해치는 행동과도 관련이 있다는 사실이 드러났다(Prigerson et al., 2008).

미국 정신의학회에서 발표한《정신장애 진단 및 통계편람》에서는 진단학적 관점에서 볼 때 근거가 되는 데이터가 불충분하다는 이유로 복잡성 비탄이 공식적인 정신질환 진단 기준으로 채용되지 않았다. 이처럼 앞으로 연구가 더 필요한 질환으로 '지속적 복잡성 사별 장애Persistent complex bereavement disorder'라는 명칭과 진단 기준이 제시되었다. 한편 세계보건기구WHO에서 지정한 질병, 상해 및 사인의 통계 분류 최신판인《국제 질병 표준 분류 기준 제11차 개정안ICD-11》에서는 '지속적 비탄 장애Prolonged grief disorder' 라는 일반적이지 않은 비탄이 정신질환으로 추가될 전망이다.

복잡성 비탄에 이르게 하는 위험 요인은 '죽음의 상황', '사망한 대상과의 관계', '사별을 겪은 당사자 본인의 특성', '사회적 요인'의 네 가지로 크게 분류할 수 있다(瀨藤, 2005). '죽음의 상황'에는 갑자기 찾아온 예기치 못했던 사별, 자살이나 범죄 피해로 인한 사별, 동시에 또는 연속해서 찾아온 상실, 시신의 현저한 손상 등이 포함된다. '사망한 대상과의 관계'에 대해서는 자녀와의 사별처럼 깊은 애착 관계, 과도하게 의존적인 관계 또는 갈등 관계나 애증의 관계 등을 들 수 있다. 과거에 해결되지 못한 상실 체험, 정신질환 이력, 심한 불안 성향 등은 '사별을 겪은 당사자 본인의 특성'에 관한 요인이다. '사회적 요인'이란 경제적인 어려움, 비탄에 빠진 이를 지원하기 위한 사회적 네트워크의 부족, 소송이나 법적 조치의 발생 등을 말한다.

정말로
시간이 약일까

중대한 상실에 대처하는 방식의 하나로, 세월이 흐르기만 기다리는 사람도 많다. 시간이 치유해줄 것이라면서 위로하는 지인도 있고, 스스로 그렇게 되뇌는 사람도 있다. 시간은 마음의 병을 치료하는 묘약이며, 슬픔이나 괴로움은 시간의 흐름과 함께 희미해진다는 의미에서 '시간이 약'이라는 표현을 사용한다.

어느 날 갑자기 병으로 남편을 잃은 어느 30대 여성은 사별 후 한동안 불면증과 우울감 때문에 일이 손에 잡히지 않았지만, 시간이 지나면서 조금씩 과거의 일상적인 생활을 되찾을 수 있었다고 한다. 그로부터 2년이 넘게 지난 지금은 남편에 대한 생각을 떠올려도 이제는 슬픈 기억이 아니라 즐거운 추억이 떠오른다고 말한다.

그런데 현실을 보면 중대한 상실에 동반되는 고통은 시간이 흐른다고 해서 해결되는 것은 아니다. 오히려 시간이 흐를수록 괴로움이 더해지는 것 같다는 사람도 있다. 사람의 마음은 움직이기 마련이므로 세월의 흐름과 함께 심정의 변화를 일으키는 것이 사실이다.

일찍이 남편과 사별한 친구에게 '시간이 약이라니까 기운 내'라며 위로한 적이 있다는 60대 여성은 본인이 남편을 잃었을 때를 회상하면서 다음과 같이 말했다.

막상 내가 친구와 똑같은 입장에 처하고 보니, 사람들이 그 말을 하는 것이 정말 듣기 싫었어요. '시간이 약'이라니, 말도 안 된다고 생각했죠. 그런데 1년 넘게 시간이 지나자 훨씬 마음이 안정됐어요. 이제 와 생각해보니 역시 '시간이 약'이라는 게 맞는 말이었죠.

상실의 종류와 상황 등에 따라 비탄의 무게나 애도하는 기간은 다르기 때문에 언제까지는 회복해야 한다고 일률적으로 기준을 정할 수는 없다. 상실에 의한 고통이 줄어드는 데 필요한 시간은 사람마다 다르다. 본인이나 주변 사람의 생각보다 짧은 경우도 있고, 훨씬 긴 경우도 있다. 배우자와의 사별에 관한 연구를 보면, 우울증 증상을 보이는 사람의 비율이 사별 후 4~7개월 후에는 42%였지만 24개월 후에는 27%로 감소하고 30개월 후에는 18%까지 줄어들었다는 보고가 있다(Stroebe&Stroebe, 1993 · Futterman et al., 1990). 이처럼 우울증 증상을 보이는 사람의 비율은 시간의 흐름에 따라 분명히 낮아지고 있는데, 유배우자의 경우에는 그 비율이 10% 정도에 그친다는 사실을 감안하면 2년이나 2년 반 후의 수치는 아직 높은 수준이라고 할 수 있다.

시간과 함께 조금씩 비탄이 줄어드는 과정 중에도 깊이 잠긴 기억이 수면 위로 떠오르듯 때로는 급격한 정신적 침체기에 빠지는 사람도 있다. 특히 사별한 사람이라면 어느 정도 마음이 정리된 줄 알았지만 고인의 제삿날이나 생일이 다가올수록 당시의 기억이 떠올라서 우울해지는 증상이 다시 나타나기도 한다. 이를 '기념일 반응'이라고 한다. 이러한 우울감과 이겨내겠다는 마음가짐 사이를 파도를 타듯 오가면서 조금씩 그러한 반응이나 증상은 감소한다. 상실로 인한 아픔은 완전히 사라지지 않을지도 모르지만, 아파하는 시간만큼은 조금씩 내면 깊이 가라앉는다.

상실을 대하는 방식은
저마다 다르다

죽음에 대해 연구하는 학문인 죽음학_{thanatology}*에 관해, 미국의 연구자인 케네스 도카_{Kenneth J. Doka}와 테리 마틴_{Terry L. Martin}은 저서 《성별을 넘어선 비탄_{Grieving beyond gender}》에서 상실에 대처하는 방식에는 감정적인 방식과 행동적인 방식이 있다고 주장한다. 감정적 방식은 괴로운 심정을 자발적으로 표현하고 상실 체험을 타인과 공유하고 싶어 하지만, 행동적 방식은 이지적으로 대처하려고 하며 감정보다는 과제에 대해 이야기하기를 원한다. 두 가지 방식 중 어느 한쪽이 더 뛰어난 것은 아니며, 대부분의 사람들은 두 가

---

* 'thanatology'의 번역어로, 일본에서는 주로 '사생학'으로 쓰지만 이 책에서는 '죽음학'으로 번역함. '생사학, 사망학, 사망론' 등으로도 번역됨. —역자 주

지 방식을 적절히 섞어 사용한다. 둘 중 한 가지 방식만 취하는 사람은 매우 드물며, 어느 쪽에 더 비중을 두는지는 개인마다 다르다.

행동적 방식의 경향이 강한 사람은 슬픔을 느끼면서도 그 감정을 겉으로 드러내지 않으려 한다. 그러나 감정을 크게 표현하지 않고 냉정하게 대처하는 행동적 방식의 소유자를 보면서, 감정적 방식에 더 비중을 두는 사람은 위화감을 느끼고 이로 인해 갈등이 생기기도 한다.

남자답다거나 여자답는 성 역할이 상실에 대처하는 방식과 관련이 있다고 하는데, 일반적으로 감정적인 방식은 여성성, 행동적인 방식은 남성성과 관련된다. 그러나 성별은 영향을 미치는 요인 중 하나일 뿐이다. 실제로는 성별에 상관없이 남녀 모두 양쪽 방식과 관련이 있다. 성별뿐 아니라 개인적 성격이나 문화, 경험 등의 다른 요인이 섞이면서 두 가지 방식 중 어느 쪽에 더 비중을 두는지가 정해진다.

영화 〈래빗 홀Rabbit Hole〉(2011)에서는 어느 날 갑자기 교통사고로 네 살 된 외동아들을 잃은 부부의 비탄과 그에 대한 대응 방식이 묘사된다. 아들이 하늘로 떠난 지 8개월이 지났을 때, 아들의 동영상을 보거나 치유 모임에 참석하면서 떠나간 아들의 추억을 소중하게 간직한 채 미래로 나아가려는 남편 하위(아론 에크하트)와는 대조적으로, 아내인 베카(니콜 키드먼)는 죽은 아들을 잊어버리려고 노력한다.

이 영화에서는 남편이 감정적 방식을, 아내가 행동적 방식을 취하는 것으로 묘사된다. 남녀의 성별이 비탄에 미치는 영향에 대해서는 과장하지 말고 각자의 방식이 지닌 차이에 주목하는 자세가 중요하다. 정서적인 방식을 선택한 남성은 비탄을 표현하거나 다른 이와 감정을 나누고 싶어 하지만, 남성 역할에 대한 주위의 기대감 때문에 주저할 수 있다. 당사자는 물론이고 주위 사람들도 성별에 대한 편견 없이 공감하고 이해하는 태도가 필요하다.

영화에서 아내 베카의 어머니는 베카의 오빠를 일찍이 잃은 적이 있다. 베카가 어머니에게 '이 슬픔이 언젠가는 사라질까?'라고 묻자, 그녀는 다음과 같이 말한다.

아니, 내 경우에는 사라지지 않았어. 11년이 지나도 아직. 하지만 조금씩 바뀌기는 해. 뭐랄까, 언제부턴가 그 무게를 견딜 만해진다고 할까.

처음에는 그 무게에 짓눌린 것 같았는데 점점 거기서 기어 나올 수 있었고, 나중에는 그게 주머니에 넣은 돌멩이처럼 느껴지지. 때로는 잊고 지내다가도 문득 주머니에 손을 넣으면 그 자리에 그대로 있어. 당연히 괴롭지만, 항상 그런 건 아니야.

그리고 힘들기는 해도 그게 내 아들 대신에 남겨진 거니까. 언제까지나 그 감정을 안고 살아갈 수밖에 없어.

결코 사라지지는 않아. 그래도 괜찮아.

　어떤 방식으로 상실과 마주하든, 슬픔은 사라지지 않는 것일지도 모른다. 그렇다면 각자에게 맞는 대처 방식을 찾아 마음을 다잡을 수밖에 없다. '슬픔은 언젠가 바뀔 것이고, 그 무게는 견딜 만해진다'는 영화의 메시지는 눈앞이 보이지 않을 만큼 깜깜한 절망에 빠진 사람에게 한 줄기 빛이 되어줄 것이다.

때로는 잊고 지내다가도
문득 주머니에 손을 넣으면
그 자리에 그대로 있어.
당연히 괴롭지만,
항상 그런 건 아니야.

상실을 미리 안다고
비탄의 크기가 줄지는 않는다

머잖아 큰 상실이 다가오리라는 사실을 미리 알 수 있다면, 그 상실이 발생하기 전에 당사자나 가족이 특수한 심리 상태에 빠지는 것을 쉽게 예측할 수 있다. 이렇게 상실을 실제로 경험하기 전부터 느끼는 애도 반응을 '예견된 비탄anticipatory grief'이라고 한다.

암과 같은 만성 질환으로 사망하면 돌연사처럼 갑작스러운 죽음이 아니므로, 발병 후 사망에 이르기까지 환자와 가족에게 죽음을 준비할 수 있는 시간이 어느 정도 주어진다. 그동안 환자의 가족이나 친척은 현실을 부정하는 마음과 병이 낫기를 바라는 희망을 붙잡고 살아가면서도, 하루하루 쇠약해지는 환자의 모습을 보면 그날이 가까이 왔음을 의식하지 않을 수 없고 더욱 슬퍼진다.

때로는 예견된 비탄의 정도가 너무 심해서, 환자를 피하거나 의사소통을 제대로 할 수 없는 경우도 있다. 이것은 상실을 먼저 겪는 일과는 다르기 때문에 예견된 비탄을 충분히 경험했다고 해서 상실 후의 비탄이 줄어드는 것은 아니다.

환자도 자신의 죽음을 앞두고 예견된 비탄을 경험하기도 한다. 뇌종양으로 사망한 어느 30대 남성은 스스로 'Y와 뇌종양'*이라는 제목의 블로그에 투병 과정에서 느낀 심정을 다음과 같이 기록으로 남겼다.

나는 가능한 한 치료를 받으면서 병마와 맞설 생각입니다.

물론 가장 좋은 것은 기적이 일어나서 병을 극복하고 일상으로 돌아가는 것입니다. 다만 현실적으로는 전이가 일어난 시점에서 완치가 불가능하다는 진단을 받았으므로, 앞으로 여러 신체적 기능이 사라지고 죽음에 이르게 될 것이라는 생각도 듭니다.

죽음에 대한 공포도 느끼지만, 그것보다는 그 과정이 더 무섭습니다. 이대로 병세가 악화되어 여러 기능을 상실하고 언젠가 나를 알아보지 못하게 될까 봐 두렵습니다. 그건 나로서는 '살아

---

* http://100100.blog.fc2.com/

있는' 것이라고 할 수 없고, 가족이나 나를 돌봐주는 사람들을 떠올리면 마음이 아픕니다.

이 글은 두 번째로 암이 재발한 직후에 쓴 것으로, 기적에 대한 희망을 버리지 못하면서도 죽음에 대해 느끼는 두려움을 절절하게 묘사하고 있다. 예견된 비탄은 죽음 그 자체에 대한 공포나 불안감뿐 아니라 죽음에 이르는 과정에서 상실할 대상에 대한 반응이기도 하다. 질병의 진행과 함께 자율성이나 자아를 상실하는 것은 환자와 가족에게 견디기 힘든 고통이다.

이렇게 자기 자신의 죽음을 앞두고 느끼는 불가항력적인 괴로움을 '영적 고통spiritual pain'이라고도 한다. 죽음을 의식한 당사자는 '주위 사람들을 힘들게 해서 미안하다', '혼자서 아무것도 못 하다니 한심하다', '살아봤자 소용이 없다', '죽는 게 두렵다', '가족을 남기고 가는 게 마음에 걸린다'라며 심정을 표현한다.

'영적 고통'이란 삶과 존재 그 자체가 흔들리는 것 같은 근원적 고통으로, 반드시 죽음을 앞둔 사람에게만 해당하는 것은 아니다. 노화로 인해 신체 기능이 떨어진 고령자나 장애가 있는 사람, 정년퇴직을 맞은 사람들도 '대체 무엇을 위해 살아가고 있는가?'와 같은 고뇌를 경험한다.

아이의 비탄은
어른의 것보다 작지 않다

　가족의 사망과 같은 중대한 상실에 직면했을 때 큰 소리로 우는 아이가 있는 한편, 눈물 한 방울 흘리지 않고 마치 아무 일도 없었다는 듯 평소와 다름없이 지내는 아이도 있다.

　후자의 경우에는 겉으로는 건강해 보여도 사실은 해리 상태일 가능성이 있다. 해리는 자신을 지키기 위해 감각이나 기억, 인지 능력 등을 스스로 분리함으로써 그 사건이 자신에게 일어난 것이 아니라고 인식하는 무의식적인 자기방어 기제를 말한다. 주변 사람이 생각하는 것보다도 더 크게 정신적 타격을 입은 상태이며, 오랜 기간에 걸쳐서 그 영향이 나타날 수 있다.

　상실을 체험한 어린이 중에는 정상적으로 사고하지 못하고 정신적으로 혼란스러워하거나 무표정하며 말수가 적어지고 무기력한 모습을 보이는 경우가 있다. 감정적 반응으로서는 죄책감을 느끼고, 자기가 상실의 원인을 제공했다는 생각에 빠져들어 심한 경우 자해할 가능성도 있다. 어린이가 느끼는 죄책감은 어른이 보기에 비합리적이지만, 본인에게는 오랫동안 마음의 짐으로 남기도 한다. 심한 불안감으로 잠을 못 이루고 악몽에 시달리는 사례도 있으며, 사별로 인한 상실이었을 경우에는 똑같은 일이 일어나 본인이나 다른 가족도 죽게 되는 건 아닌지 불안해하면서 앞으로의 일을 걱정하는 어린이도 있다.

어린이는 이런 감정을 말로 잘 표현하지 못하기 때문에 애도의 감정이 두통이나 복통, 미열, 식욕부진, 불면과 같은 신체 증상이나 차분하지 못한 태도나 공격적 행동, 비행, 등교 거부나 학습 부진 등의 증상이 나타나기도 한다. 또한 주위 사람들이 걱정하지 않도록 동생을 열심히 챙기거나 부모님을 심리적, 물리적으로 도와주면서 안심시키려는 어린이도 있다. 이 경우, 표면상으로는 아무 문제도 없는 것처럼 보이지만 속으로는 필사적으로 노력하고 있기 때문에 결국 몸에 무리가 오고 인간관계에도 나쁜 영향을 끼친다. 사춘기에 접어들면 상실 체험이나 비탄에 대해 말을 꺼내는 것에 저항감을 느끼게 되기도 한다.

유아기에 부모와 사별하는 체험이 성인이 된 후 심리적 장애나 심장병 같은 스트레스 관련 질병의 원인이 될 수도 있다. 북유럽 국가인 덴마크와 스웨덴, 핀란드에서 약 730만 명을 대상으로 대규모 코호트 기반 연구를 진행한 결과, 부모와 사별한 어린이의 사망 위험이 이를 체험하지 않은 어린이보다 1.5배 높다는 사실이 보고되었다(Li et al., 2014). 장기적으로는 사별 체험 시의 연령, 사별 후 스트레스를 준 사건, 배우자와 사별한 부모의 정신적 문제 및 부모 자식 관계 등의 요인이 영향을 미치는데, 특히 부모가 아이에게 공감을 보여주는 태도 등 사별을 체험한 후의 가족 분위기와 깊은 관련이 있다고 보인다.

부모를 잃는 계기로는 이혼이나 별거 등도 있는데, 이런 경우 사별과는 조금 다른 특징적 반응을 보인다. 예를 들어 부모가 이혼할 때 만 6~12세에 속했던 어린이라면 1~2년이 지날 때까지는 엄마나 아빠 중에서 별거하고 있는 쪽에 반감을 갖고, 두 사람 중 하나를 선택해야 하는 일로 갈등한다. 또 부모가 이혼할 때 만 13세 이상이었다면, 취학 전이었던 자녀에 비해 은둔형 외톨이가 되거나 비행을 저지르는 경향이 높았다는 연구 결과가 있다 (井村, 1997).

자살은 가족뿐 아니라
관계자에게도 큰 영향을 미친다

가까운 사람의 자살은 남겨진 사람에게 막대한 영향을 미친다. 특징적 반응의 하나로 죄책감을 들 수 있다. 주위에 있었던 사람들은 자살을 막지 못했다는 사실 때문에 심한 죄책감과 무력감을 느끼는 것이다. 특히 자녀가 자살로 생을 마감했을 때 자녀를 보호해야 하는 의무가 있는 부모에게서 그 현상이 뚜렷하게 나타난다. 이 경우에는 자기 자신뿐 아니라 자살을 막지 못한 전문가나 관계자에게도 원망을 쏟아낸다. 또한 부모인 자기 자신을 자녀가 거부했다고 받아들이고, 자녀를 향해 분노를 터뜨리기도 한다.

남편과 사별한 어느 50대 여성은 '슬프기보다는 화가 났어요'라고 말했다. 남편이 자살하자, 시부모를 비롯한 시가 쪽 친족이

며느리를 심하게 비난하고 인연을 끊어버린 것이다. 그녀는 고인이 된 남편에게 '나만 남겨놓고 가버리면 어쩌라고 그런 선택을 한 거야?'라며 따져 묻고 싶다고 했다. 한편으로는 '도대체 왜?'라는 질문을 던지면서도 혹시 자신이 남편을 죽음으로 내몰지는 않았는지 자책하는 마음이 들었다고 한다.

남겨진 이들 중에서는 불안감이나 두려움을 느끼는 사람도 있다. 자신도 자살 충동에 사로잡힐까 봐 두려워하거나 또 다른 소중한 사람이 자신을 버리고 먼저 세상을 떠날까 봐 불안해한다. 죽음에 대한 공포가 너무 커서 어두운 장소를 싫어하고 거울 보기를 두려워하며 눈을 감는 행위 자체를 무서워하는 상태가 지속되기도 한다.

현재 일본에서는 자살한 사람이나 유족에게 수치심이나 오명을 씌워 스티그마 효과*stigma effect*를 일으키는 분위기가 여전히 남아 있다. 유족도 이러한 사회적 태도를 내면화하여 수치심을 느낄 수 있다. 자살을 수치스러운 행위라고 받아들여서 그 사실을 숨기는 유족들도 적지 않다. 주변 사람도 그 사건에 대해서는 되

---

* 낙인 효과. 과거의 좋지 않은 경력이 현재의 인물 평가에 부정적인 영향을 끼치는 것. 또는 어떤 집단에 대한 편견이 해당 집단의 구성원에까지 적용되는 현상

도록 언급하지 않도록 주의하고, 아예 유족들과의 만남 자체를 피하기도 한다. 앞에서 말한 50대 여성도 아무도 남편의 유품을 받으려고 하지 않았고, 그래서 남편의 인생이 송두리째 부정당하는 느낌이었다고 말했다. 이런 취급을 받으면 유족은 심한 고립감과 소외감을 느낄 수밖에 없다.

자살은 가족뿐 아니라 관계자 모두에게 중대한 상실 체험이다. 자살에는 다양하고 복합적인 원인과 배경이 있는데, 특히 정신질환과의 관련성에 주목한 연구 중에는 3년간 정신과 병동의 약 80%에서 입원 환자의 자살이 발생했다는 결과도 보고된 바 있다(南 외, 2006).

이와 관련하여 필자도 정신과 병동에서 근무 중인 간호사를 대상으로 조사한 적이 있다. 조사 결과, 환자의 자살(자살 미수도 포함)을 경험한 응답자 중 절반 이상이 쇼크, 우울감, 자책감, 공포, 분노, 혼란스러움 등을 경험했다고 답했으며, 네 명 중 한 명은 '간호사를 그만두고 싶었다'고 답하기도 했다. 이렇듯 자살에 의한 상실은 가족뿐 아니라 의료인을 포함한 관계자들에게도 심각한 영향을 미친다.

상실은 가족 모두의 삶에
파문을 일으킨다

중대한 상실은 개인적 체험인 동시에 가족 전체가 직면하는 사건이다. 자연재해를 당하거나 가족 중 누군가가 중증 질환을 앓는 등의 상실과 직면했을 때, 가족 전체가 똘똘 뭉쳐서 전보다 더 끈끈한 유대를 형성하기도 한다. 하지만 상실 체험을 계기로 가족 간의 결속력이 약화되어 가족 관계가 산산조각 날 수도 있다. 예를 들어, 부모를 두고 자녀가 먼저 세상을 떠나면 부부 사이가 나빠져서 별거나 이혼에 이르기도 한다.

가족 구성원의 죽음은 가족의 관계나 커뮤니케이션에 큰 변화를 가져온다. 어머니가 사망한 후 자녀들이 아버지에게 전보다 살갑게 대하고 대화도 많이 하고 함께 외출하는 횟수가 많아지는 가정이 있는가 하면, 오히려 자녀들의 말수가 적어지고 어쩐지 남처럼 느껴지는 가정도 있다. 아내와 사별한 후 가족 간에 사이가 나빠졌다고 응답한 60대 남성은 아내가 살아 있을 때 항상 일에 쫓겨서 육아는 아내에게 맡겨두었기 때문에 아이들과 대화할 시간이 별로 없었다고 한다. 아마도 이 가족은 어머니를 중심축으로 구성원들이 연결되어 있었기 때문에, 어머니가 세상을 떠나자 중심축이 사라져서 가족들이 뿔뿔이 흩어진 것으로 보인다. 이처럼 사별이나 이별, 질병 등으로 인해 가족 관계에서 중심적인 존재가 사라지면 가족 구성원들 사이의 유대감이 약해져서 대화가 줄어드는 경우도 있다.

자녀를 잃었을 때 부모는 깊은 슬픔에 잠긴 나머지, 다른 자녀를 돌보지 못한다. 그러면 남겨진 자녀는 형제를 잃은 상실감뿐 아니라, 부모가 있는데도 마음이 이탈하여 심리적으로는 존재하지 않는 것으로 느껴지는 '모호한 상실'을 겪는다. 이러한 이중의 상실감으로 자녀는 남모르게 힘들어하면서 가족 내에서 소외감과 고독감을 느끼게 된다.

가족 구성원의 죽음과 질병으로 균형이 무너지고 관계가 흐트러지면 각자의 역할에 혼란이 생긴다. 예를 들어 남편을 잃은 아내가 퇴행 현상을 보이면서 어린아이처럼 굴 때가 있는데 이러면 자녀가 부모 역할을 할 수밖에 없다. 이로 인해 자녀에게 발달

면에서 문제가 생길 수 있다. 가족 공동체 생활을 계속 이어가려면 관계성을 다시 만들고 각자의 역할을 재편성해야 한다.

상실에 대해 적응력이 높은 가족은 가족 구성원이 각자 친밀한 관계를 유지하고 함께 고뇌하고 서로가 서로를 지탱해줄 수 있다. 그런 가족은 모든 구성원의 생각이 존중받으며, 각자 필요에 따라 적절한 역할과 의무를 담당하기 때문에 관계성이 악화되어도 유연하게 대처할 수 있다.

이와는 대조적으로 상실에 대해 언급하는 것조차 꺼리고 생각을 공유하지도 않으며 서로가 지지해주지 않는, 회피 경향을 보이는 가족도 있다. 이런 가족은 가족 사이의 유대감이 낮기 때문에 서로 감정을 공유하기 어렵고 구성원 개개인의 감정은 억압받는 등, 상실 후의 비탄이 복잡한 양상을 보일 가능성이 있다. 또는 가족 구성원 간의 결합력이 지나치게 높아서 외부와의 관계를 차단하고 스스로 고립되기도 한다. 이런 경우에는 친구 관계나 지역 사회의 사회적 관계망에서 벗어나므로 타인에게서 충분한 지원을 받을 수 없다.

죽음을 애도하는
다양한 방식이 있다

'상실'의 '상喪'이라는 한자가 쓰이는 '상을 치른다'는 표현을 들어봤을 것이다. 이는 가까운 사람이 사망했을 때 일정 기간 고인의 죽음을 애도하는 관습인데, 지역이나 문화, 종교에 따라 차이가 있다. 대표적으로 상복을 입거나 왼쪽 가슴에 검은 천으로 된 상장喪章 달기, 그리고 조의를 표하기 위해 조기를 게양하는 행위를 들 수 있다. 비탄이 개인적인 애도의 표현이라고 한다면, 상을 치르는 과정은 사회 규범이나 관습에 따른 사회적 애도 표현이며 그 자체가 예법이기 때문에, 이 두 가지는 기본적으로 구별된다.

일본에서는 상을 치르는 행위를 '기부쿠忌服'라고 하는데, 오래전으로 그 역사가 거슬러 올라간다. 718년에 요로소소료養老喪葬令라는 율령이 반포되면서 기부쿠의 관습이 제도화되었다. 죽음을 상서롭지 못한 것으로 인식했던 당시의 관습에 따라 상을 치르는 상중을 집에서 근신하는 '기忌'의 기간, 그리고 상복을 입고 절제된 행동을 하는 '후쿠服'의 기간으로 나눈 것이다.

현재 '기'의 기간은 불교식으로는 사후 49일, 일본 고유의 종교인 신도神道식으로는 사후 50일 동안이고, '후쿠'의 기간은 1년이다. 기부쿠 기간에는 결혼식이나 환갑잔치 같은 경사에 참석하거나 신사 참배 및 마을 조상신을 기념하는 축제에도 참가할 수 없었다. 그리고 연초에 조상신을 맞이하고 불길한 기운을 떨치기 위한 집 안팎의 장식품, 설날 요리, 연말연시 축하 인사, 연하장 돌리기 등의 다양한 세시 풍속도 금기시되었다.

종교학자인 마쓰나미 고도松濤弘道가 집필한《최신 세계 장제 문화 사전最新世界葬祭事典》을 보면, 전통적인 유대교 신자가 상을 치르는 기간은 세 단계로 나뉜다. 상을 당한 후 매장하기까지의 기간이 첫 번째로, 유족들은 자신이 입고 있던 옷과 그 위에 둘렀던 검은 천 조각을 찢으면서 깊은 슬픔을 표현하고 육식이나 음주, 성교를 금한다. 두 번째 단계는 '쉬바shiva'라고 하는데, 인간의 영혼을 상징하는 불을 7일 동안 계속 켜둔다. 세 번째 단계는 '슐로쉼sheloshim'으로, 상을 당한 후 7일째 되는 날 밤부터 30일째 되는 날까지를 가리키며 머리카락이나 수염을 깎지 않고 사회적 활동을 하지 않는 것이 풍습이다.

이슬람교 성지인 메카가 위치한 사우디아라비아 왕국에서는 유족들은 40일간 상을 치르며, 여성은 그 기간에 짙은 색깔의 코홀(아이섀도)을 바르지 않고 흰색 옷을 입는다. 힌두교도가 80%가 넘는 네팔에서는 상을 치르는 동안 하루 한 끼만 먹고, 상을 당한 후 13일이 지나 탈상하면 남자들은 그제야 수염을 깎고 승려를 초대하여 기도를 부탁한다.

상을 치르는 관습은 시대에 따라 변하기도 한다. 예를 들어 지중해 한가운데에 위치한 몰타공화국에서는 사람이 사망하면 가까운 이들 중 여성은 40일 동안, 남성은 7일 동안 외출을 삼가고 머리도 빗지 않고 침실 불을 켜지 않고 지내는 습관이 있었는데, 최근에는 많이 간소화되었다고 한다. 일본에서도 여러 가지 면에서 형식화 내지 간소화되기는 했지만, 상복을 입거나 상장 달기, 상중 인사 등 상조와 관련된 관습은 오늘날에도 뿌리 깊게 남아 있다.

죽음을 애도하는 행위가 인간만의 전유물은 아니다. 교토대학교 영장류 연구소 연구팀이 2010년에 작성한 연구 보고서에 따르면, 아프리카 기니공화국의 보소Bossou 마을에 서식하는 야생 침팬지의 어미의 경우 병으로 죽은 새끼 침팬지를 미라가 될 때까지 계속 업고 다니는 등, 자식의 죽음을 애도하는 것처럼 보이는 행위가 같은 무리 내에서 여러 차례 확인되었다고 한다. 필자도 기르던 개가 죽었더니 함께 기르던 다른 개가 먹이를 먹지 않거나 갑자기 짖지 않게 되었다는 이야기를 주변에서 들은 적이 있다.

이처럼 비탄으로 보이는 반응은 사회적 동물인 포유류와 조류에서도 찾아볼 수 있다. 이런 동물들이 죽음에 대해 인간과 똑같은 사고방식을 갖고 있다고는 할 수 없겠지만, 동료를 잃고 나서 어떤 식으로든 영향을 받았다는 사실은 충분히 추측할 수 있다.

상실을 통한 성장을
강요하지는 말아야 한다

중대한 상실은 결코 바람직한 사건은 아니다. 특히 현실에서 심각한 상실을 겪고 있는 사람에게는 상실이 좋은 경험이었다고 말할 수 없다. 하지만 사랑하는 사람의 죽음은 물론, 자신에게 닥친 심각한 질병이나 후천적 장애처럼 인생에서 맞닥뜨리는 비극적인 체험이 당사자의 가치관이나 삶의 방식 등에 영향을 미치고 인간적으로 성장할 수 있는 기회를 주는 것은 부정할 수 없는 사실이다.

이렇게 긍정적인 방향으로의 변화를 '외상 후 성장Posttraumatic growth'이라고 한다. '성장'이라는 표현이 적절하지 않다고 느끼는 사람도 있겠지만, 이 표현은 트라우마 체험의 일부를 나타내는 전문 용어로 널리 사용된다.

미국의 심리학자 리처드 G. 테데스키Richard G. Tedeschi와 로렌스 G. 캘훈Lawrence G. Calhoun은 중대한 상실을 포함한 외상 후 성장의 한 영역으로 '인간으로서의 강인함'을 들고 있다. 중대한 상실을 경험함으로써 인간은 얼마나 나약한 존재인지 스스로 깨닫지만, 한편으로는 상실에 직면하고 현실을 받아들이려고 안간힘을 쓰는 과정에서 이전보다 더 강해진 자신을 발견한다. 극도의 고통을 경험하고 나서야 비로소 얻을 수 있는 부드러운 강인함을 무기로 삼아 앞으로 어떤 역경이 찾아오든 대처할 수 있다는 확신이 생기기도 한다. 긍정적인 자기 이미지는, 유년기 이후의 발달 과정에서 찾아오는 상실 체험을 하나씩 극복하는 동안, 다소 손상되기도 하지만 바르게 완성되는 것이다.

질병이나 죽음, 자연재해 등으로 인한 중대한 상실은 인간의 능력을 넘어선 힘을 필요로 할 때도 있다. 그러한 체험을 통해 가치관이나 신앙심이 송두리째 흔들리고, 때로는 절망감에 사로잡힌다. 하지만 종교적 신념과 그에 대한 정신, 즉 영성적인 분야에 대한 관심이 높아지고 자신의 가치관이나 신앙을 되돌아봄으로써 인생의 의미에 대해 통찰할 수도 있다. 이는 외상 후 성장의 하나인 '영성적 변화spiritual change'라고 한다.

물론 누구나 이러한 변화를 체험하는 것은 아니며, 반드시 변화를 통해 성장해야 하는 것도 아니다. 외상을 겪은 후 성장했다고 해서 고통이나 고뇌가 사라질 리도 없다. 인간적인 성장은 목표가 아니라 어디까지나 결과이며, 역경을 이겨내기 위해 고군분투하는 과정을 통해 부차적으로 얻는 것일 뿐이다. 따라서 필자도 상실을 통한 성장을 강조할 마음은 없다.

그렇지만 인생을 살아가는 과정에서의 인격 형성이나 삶의 방식 등에 상실 체험이 적지 않은 영향을 미치는 것도 사실이다. 임상심리학자인 야마모토 쓰토무山本力는 '만약 진실을 별에 비유한다면 밝은 대낮에 별은 보이지 않는다. 그런데 밤의 장막이 내려오고 주위가 어두워질수록 수없이 많은 별이 반짝거린다. 슬픔은 우리 마음에 어둠을 불러온다. 그러면 밝을 때에는 보이지 않았던 별이 비로소 눈에 들어올 것이다'라면서 슬픔은 나쁜 일만 불러오는 것은 아니라고 강조한다. 야마모토가 지적했듯, 문학이나 그림, 음악과 같은 예술 분야에서도 상실 체험을 내적 동기로 삼아 수많은 작품이 탄생했다는 사실은 잘 알려져 있다.

긍정적인 자기 이미지는,
유년기 이후의 발달 과정에서 찾아오는
상실 체험을 하나씩 극복하는 동안,
다소 손상되기도 하지만
바르게 완성되는 것이다.

상실에 잠길 것인가, 상실을 넘을 것인가?

상실과의
대면

내가 너무 유난스러운 걸까
고민하고 있다면

'앞으로 어떻게 살아가야 하지…. 아무것도 하고 싶지 않아.'

'마음을 다잡고 앞을 향해 나아가야 한다는 건 알지만….'

'누가 만나자고 해도 외출할 마음이 들지 않는걸.'

소중한 것을 잃었을 때 깊은 우울감에 빠져 매사에 무기력한 상태가 되는 것은 자연스러운 반응이다. 몸의 절반을 잃어버린 것 같은 슬픔, 솟구치는 분노, 말로 표현할 수 없을 정도의 괴로움도 느낄 것이다. 인생이 끝나버린 것 같고 미래가 사라진 것 같은 절망감에 이렇게 살아서 뭐 하나 싶은 생각마저 든다. 감당되지 않을 만큼 기분이 가라앉고 도저히 감정 조절이 안 되는 반응은 결코 이상한 현상이 아니다. 이는 상실의 대상이 의식하던 것보다 훨씬 더 소중했음을 알려주는 증거이다.

중대한 상실은 인생을 살아가면서 몇 번이나 찾아오지는 않는다. 예를 들어서 배우자나 자녀의 사망은 대부분의 사람들에게는 처음 마주치는 경험이다. 그렇기 때문에 '이 괴로움이 언제까지나 지속되는 것은 아닐까? 나만 이렇게 특이한 걸까?' 하는 생각에 불안해지기도 한다.

유족들의 치유 모임에서 하루 중 언제 가장 견디기 힘든지에 대해 이야기를 나눈 적이 있다. 남편을 여의고 혼자 살고 있다는 어느 여성은 밤이 되면 힘들다고 말했다. 낮 동안 밝은 햇빛이 있을 때는 괜찮은데, 해가 지고 어두워지면 참을 수 없이 외로워진다는 것이다. 모임에 참석한 다른 유족도 공감하는 표정으로 고개를 끄덕였다. 한편 아침이 힘들다는 사람도 있었다. 잠에서 깨어나서 이제는 옆자리에 아무도 없다는 현실을 실감하는 것이 견디기 어렵다고 했다. 이 이야기에도 공감하는 표정으로 동의하는 사람들이 있었다.

사람마다 받아들이는 방식은 다르겠지만, 나와 비슷한 생각이나 경험을 하는 사람은 분명히 있다. 모두 똑같은 체험을 하는 것은 아니지만 대부분은 비슷한 면이 있으므로, 나만 특이한 체험을 하는 것은 아닐까 하는 걱정은 접어두어도 좋다.

의사이자 국립암센터 명예총장인 가키조에 다다오垣添忠生는 아내를 암으로 잃은 후에 괴로운 마음을 잊기 위해 날마다 술을 마셨다고 한다. 그는 아내와 사별한 직후를 회상하며 이렇게 말했다.

내가 봐도 참 잘도 살아남았구나 싶었다. 죽을 수는 없으니 살아가는 거다. 그렇게 생각하면서 하루하루를 보냈다. (중략) 완전히 바닥까지 떨어졌던 그때는 끝이 보이지 않았다. 이런 날이 영원히 계속될 것만 같아서 절망스러웠다.

역시 암으로 아내와 사별한 가와모토 사부로川本三朗는 가키조에와 대담을 마친 후에 '그렇게 지적인 의사 선생님에게도 아내의 죽음은 큰 충격이라는 사실을 알게 되어, 한편으로는 마음이 놓였다'라고 자신이 쓴 책에서 고백했다. 가와모토도 아내의 장례를 치른 후에는 모든 일에 의욕을 잃고 엉망진창으로 어질러진 집에 틀어박혀 아무도 만나지 않던 시절이 있었는데, 아마도 그때 가벼운 우울증을 앓고 있었을지도 모른다고 회상했다.

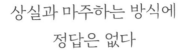

상실과 마주하는 방식에
정답은 없다

중대한 상실과 직면하여 침울한 상태에 빠지면 주위 사람들이 걱정 어린 시선으로 충고나 조언을 던진다. 과거에 비슷한 경험을 한 사람에게서 실제 경험에 바탕한 조언을 듣기도 한다. 주위 사람들이 보여주는 관심은 고맙지만, 다른 사람들한테 이런저런 말을 듣는 것조차 싫다는 사람도 많다.

중대한 상실의 특성이나 상황은 각기 다르며, 상실과 마주한 사람들이 반응하고 받아들이는 방식도 다르다. 따라서 상실에 대해 어떻게 반응하고 어떤 방식으로 마주해야 하는지 일률적으로 정할 수는 없다. 상실은 지극히 개인적인 체험이다. 누군가에게 도움이 되는 조언도 나에게는 도움이 되지 않을 수 있다.

'상실과 어떻게 마주해야 하는가'는 '인생을 어떻게 살아가야 하는가'와 비슷한 문제다. 인생에 정답이 없는 것처럼, 상실과 마주하는 방식에도 절대적으로 옳은 기준은 없다. 현재의 나에게는 맞지 않는 방식이라도, 시간이 흐른 후에는 받아들일 수 있다.

비슷한 체험을 한 사람들의 이야기를 듣거나 수기를 읽으면서 자신의 상실 체험을 객관적으로 바라보고 앞으로 나아갈 길에 대한 실마리를 얻을 수도 있다. 그러나 체험은 사람마다 다른 만큼, 다른 사람의 상실 체험을 접했을 때 자신의 생각과는 다르다고 느껴지는 부분도 있을 것이다. 다른 사람의 생각이나 조언을 그대로 따를 필요는 없다. 기본적으로는 마음에 드는 방식을 고르면 된다. 이 책에서도 당사자의 실제 경험이나 참고문헌 등에 기초하여 상실에 대해 이야기하지만, 그렇다고 해서 이 책의 주장과는 다른 사고방식이나 대처 방식을 부정할 생각은 없다.

예전에 NHK 방송의 정보 프로그램에서 '이닌교遺人形'를 소개한 적이 있었다. 말하자면 '고인 인형'이라고 할 수 있는데, 3D프린터를 사용하여 고인의 사진을 바탕으로 20~30cm 정도 되는 고인과 똑같이 생긴 인형(피규어)을 만드는 것이다. TV 프로그램에서는 아들을 교통사고로 잃은 부부가 출연하여 아들을 본떠 만든 인형에 말을 거는 모습이 방영되었다. 그 밖에도 암으로 남편을 떠나보낸 어떤 여성은 날마다 인형에 말을 건네면서 남편의 죽음을 받아들이게 되었다고 말하기도 했다.

이닌교를 제작하는 일에 대해 거부감을 느끼는 사람도 있을 것이다. 경우에 따라서는 비탄의 과정에 부정적인 영향을 미칠 가능성도 있다. 그러나 중요한 것은 죽은 사람을 닮은 인형을 가까이에 두기를 바라고 그 인형에 의지하는 유족이 있다는 사실이다. 최근에는 유골을 분쇄한 가루를 담은 펜던트나 반지, 유골 성분으로 만들었다는 합성 다이아몬드 등 고인을 기리는 상품을 선보이면서 '고인을 항상 가까운 곳에서 느끼고 싶다'는 유족의 요청에 맞춘 서비스도 등장하고 있다.

명백하게 문제라고 판단되지 않는다면 유족이 자신에게 맞는 방식으로 상실을 마주하는 자세는 존중받아야 한다. 그에 대해 왈가왈부하며 평가하기보다는 유족 한 사람, 한 사람이 어떤 심정을 느끼는지에 주목하는 태도가 중요하다.

분노를 허용할
필요도 있다

중대한 상실로 인한 복잡한 감정이나 말로 표현하기 힘든 심정 때문에 가슴이 답답하고 심장이 터질 듯 느껴질 수도 있다. 이러한 감정은 상실 체험을 하게 된 상황이나 그 대상에 따라 개인차가 크겠지만, 누구나 겪을 법한 비탄의 반응이다. 저절로 끓어오르는 감정과 심적 고통은 당연한 반응이므로 '언제까지 눈물을 흘리고 있을 수만은 없다'거나 '이렇게 우울해하고만 있으면 안 되겠지'라면서 감정을 억누르고 무리하는 것은 바람직하지 않다.

아내와 사별한 지 1년 반 정도 지났다는 어느 70대 남성은 '슬프지 않은 건 아니었어요'라고 말하면서도 감정 표현이 서툴러서 남들 앞에서 눈물을 보인 적은 없었다고 한다. 사람들마다 표현 방법은 다른 법이니까 나 같은 사람이 있어도 괜찮겠다고 생각했지만, 그러면서도 그는 감정을 솔직히 표현하는 사람을 보면 부러움을 느꼈다.

우는 행위는 눈물을 흘리는 것을 특정으로 하는 본능적인 감정 표출 행동이지만, 정동情動*을 조절하는 기능이 있어서 카타르시스라는 기분 정화 현상이 일어난다. 한바탕 실컷 울고 나면 기분이 풀리는 경우도 있다. '어른이 눈물을 보이다니, 스트레스에 대해 소극적이고 유아적으로 대처하는 방식이야'라면서 부정적으로 보는 사람도 많겠지만, 우는 행위는 인간에게 천부적으로 주어진 기능으로 좋은 효과가 있다.

감정의 분출을 받아줄 만한 사람이 주위에 있다면 그 앞에서 우는 것도 나쁘지 않지만, 꼭 그래야 하는 것은 아니다. 타인 앞에서 우는 것과 혼자 있을 때 우는 것을 비교한 조사 결과, 울고 난 후 기분이 개선되는 정도는 비슷했다는 연구 보고도 있다(澤田 외, 2012). 때로는 남의 이목을 신경 쓰지 않고 혼자서 실컷 울 수 있는 장소를 찾는 것도 좋을 것 같다.

남편과 사별한 어느 60대 여성은 밝게 보여야 한다는 암묵적

---

* 분노, 공포, 기쁨, 슬픔 등 비교적 급속히 일어나는 일시적이고 급격한 감정의 움직임

인 분위기가 있어서, 자녀나 주위 사람과 함께 있을 때는 울 수 없다. 주위 사람들은 씩씩하게 잘 버틴다고 칭찬하지만, 사실은 억지로 씩씩한 척하고 있을 뿐 남몰래 남편의 무덤을 찾아가서 울다가 집에 왔다. 이 여성의 경우, 사람들 앞에서 보여주는 얼굴과 혼자 있을 때의 얼굴이 다른 것이다.

'울고 싶으면 울어도 된다'는 것은 맞는 말이지만, 울지 못하는 고통도 이해해야 한다. 억지로 울 필요도 없고, 눈물을 흘리지 못하는 자신을 책망할 필요도 없다. 우는 행동은 효과적인 대처 방식이기는 하지만 반드시 울어야 하는 것은 아니다.

분노와 타협하는 것도 중요하다. 중대한 상실과 직면했을 때 자주 나타나는 비탄 반응으로 분노를 느끼거나 안절부절못하게 되는 경우도 많다. 특별한 대상도 없이 불합리한 현실에 대해 분노가 솟아오르는 것은 자연스러운 반응이다. 가슴속에 분노를 숨기고 억압할 필요는 없다.

다만 분노는 주위 사람과 멀어지게 만들고 갈등을 빚을 수도 있다. 어렸을 때 부모와 사별한 어린이 중에는, 죽음 앞에서 느낀 무력감과 분노의 감정이 공격적인 말과 행동으로, 심지어는 비행이라는 형태로 나타나기도 한다. 그러므로 쉽지는 않겠지만 믿을 만한 사람에게 자신이 느끼는 감정을 털어놓거나 다른 일로 기분 전환을 하는 등, 분노를 스스로 조절할 수 있도록 노력하는 것이 좋다. 허용되는 범위 내에서 소리를 질러보고 물건을 던지거나 쿠션을 마구 때리면서 분노를 온몸으로 표현하면 긴장이 풀리고 마음이 편해지는 데 도움이 될 것이다.

슬픔이 길어져도
괜찮다

비슷한 상실로 보이더라도 충격이나 심각함의 정도는 사람마다 차이가 난다. 현실을 받아들이기까지 걸리는 시간도 개인마다 다르다. 그러므로 언제까지 다시 일어서야 한다는 시간적 제한은 없다. 특히 예기치 못했던 갑작스러운 상실이나 중대한 상실 등 받아들이기 힘든 현실과 마주하기란 쉬운 일이 아니며, 그만큼 시간이 더 걸린다.

일본에서 어머니와의 사별이 언론에서 주목받던 2014년에 〈주간아사히〉가 인터넷을 통해 실시한 조사에 따르면, 어머니를 여읜 40대 이상의 여성 500명 중에서 반년 만에 슬픔에서 회복되었다고 응답한 사람은 40%를 약간 넘는 데 그쳤다. 그리고 세 명 중 한 명은 '이 슬픔은 내가 눈을 감을 때까지 계속될 것 같다'라고 대답하여 정신적 영향이 장기화할 가능성을 내비쳤다.

무력감을 느끼더라도 초조해할 필요는 없다. 아무것도 생각하지 않아도 되고, 이런저런 불평을 늘어놓아도 상관없다. 상실로 인한 충격이 사라지지 않는 것은 내 탓이 아니며, 그만큼 그 존재가 내 삶에 소중했다는 의미다. 자신의 감정을 속이면서까지 일상으로 돌아오려고 무리하지 않아도 된다. 감정을 억누르면 몸과 마음에 나쁜 영향을 끼칠 수 있다. 다시 일어서려면 생각보다 많은 시간이 필요하다는 사실을 본인은 물론 주위 사람들도 알고 있어야만 한다.

사별의 경우, 고인의 유품 정리를 차일피일 미루게 된다고 이야기하는 유족도 있다. 특히 고인에 대한 기억과 추억을 불러일으키는 사진이나 고인이 즐기던 취미 용품, 고인이 입던 옷은 처분하기가 쉽지 않은 모양이다. 남편과 사별한 어느 70대 여성은 '남이 보면 쓰레기처럼 보이겠지만 이상하게 버리지 못하겠다'면서 남편의 유품을 3년 동안 그대로 간직했다. 그러다가 아버지의 옷이나 물건 등을 물려받겠다는 아들의 말을 들었을 때는 기뻤다고 한다.

납골당에 유골을 안치하지 못하고 집에 보관하는 유족도 있다. 나중에 본인이 죽으면 함께 납골당에 보내주었으면 한다고 말하는 사람도 드물지 않다. 고인의 존재가 형태로 남은 유골에 집착하는 심정은 이해가 간다. 납골이 법으로 의무화된 것도 아니고, 언제까지 납골 절차를 끝내지 않으면 안 된다는 교리가 있는 것도 아니다. 유품이나 유골의 처분 방식은 각자 알아서 하면 된다. 주위에서 강요할 일도 아니므로, 자신의 감정을 솔직히 털어놓고 상담을 받으면서 시간을 두고 천천히 판단하면 된다.

의사이자 성루카국제병원聖路加国際病院의 명예원장이었던 히노하라 시게아키日野原重明는 2017년 7월에 105년 9개월의 생애를 마감했다. 기독교 신자였던 그는 '하느님께서는 여러분에게 힘에 겨운 시련을 겪게 하지는 않으십니다. 시련을 주시더라도 그것을 극복하고 벗어날 수 있는 길을 마련해주실 것입니다'라는 성경 구절을 소개한 후에 다음과 같이 말했다.

당신은 지금 슬픔의 한복판에 서서 앞으로 평생 웃을 일이 없을 거라고 생각할지도 모릅니다. 하지만 인간에게는 시간이 걸리더라도 슬픔을 이겨낼 힘이 있습니다. 예쁜 꽃을 보거나 멋진 음악을 듣거나 마음이 통하는 친구와 교류하는 등 치유의 은총을 만끽하면서 살아 있음에 감사하는 순간이 반드시 찾아옵니다. 우리는 그때를 믿고 기다려야 합니다.

다른 사람의 두 배 가까이 긴 인생을 사는 동안 질병뿐 아니라 전쟁과 재난, 불의의 사고로 인한 받아들이기 힘든 죽음과 몇 차례나 마주한, 게다가 가장 사랑하는 아내조차 먼저 떠나보낸 히노하라가 남긴 메시지는 지금도 힘찬 울림으로 다가온다.

무기력하고 우울해지는 것은 자연스러운 반응이고, 이 시간은 지금까지 살아온 인생을 되돌아보고 앞으로 어떤 인생을 살아갈지 생각하는 기회이기도 하다. 중대한 상실 체험은 인생의 기로에 서게 한다. 그곳에서 다시 새 출발을 하기 위해서는 잠깐 멈춰서서 생각할 시간도 필요하다.

상실로 인한 충격이
사라지지 않는 것은
내 탓이 아니며,
그만큼 그 존재가
내 삶에 소중했다는 의미다.

후회하며 자책하길
고인도 바라지 않을 것이다

    소중한 무언가를 잃은 후 자신이 한 일과 하지 않은 일에 대한 후회가 밀려들면서 자책하며 괴로운 나날을 보내는 사람도 있을 것이다. 아무리 후회해도 시간을 되돌릴 수는 없으니 아무것도 바뀌지 않는다는 사실은 누구나가 알고 있다. 그런데도 후회하는 것이 인간이다. 후회나 자책감과 같은 감정은 스스로 통제하기가 어려워서 더욱 괴롭다. 일상생활에서 비롯된 후회는 시간이 지나면 사라지기도 하지만, 중대한 상실에서 비롯된 후회는 오랫동안 남기 마련이다.

    어느 날 갑자기 아내를 먼저 보낸 어느 40대 남성은 유족들의 모임에서 발행하는 홍보물에 당시의 심정을 이렇게 밝혔다.

아내에게 해줄 수 있는 일들이 더 많았는데 왜 하지 못했는지에 대한 자책감, 불합리한 세상에 대한 분노, 좀 더 할 이야기가 많았는데도 하지 못한 채 보내야 했다는 사실에 대한, 슬픔인지 분노인지 분간이 가지 않는 감정이 마구 뒤섞인 기분이었다.

후회란 과거에 있었던 사건을 해석하는 과정이다. 의도적인 행위든 아니든 간에, 그 사건에 대해 크게 후회하는 사람일수록 사전에 그 사건을 막을 수도 있었고 다른 선택을 할 수도 있었다고 생각하기 쉽다. 이처럼 이미 일어난 사건에 대해 그 결과를 미리 예측할 수 있었다고 믿는 심리를 '사후 확신 편향hindsight bias'이라고 한다. 사후 확신 편향에 의한 결과론적인 사고는 누구나 할 수 있으므로 정말 예측할 수 있었던 일인지 제대로 인식할 필요가 있다.

사후 확신 편향에 의한 잘못된 평가로 인해 지나치게 자신을 책망하거나 타인으로부터 상처받아서는 안 된다. 부득이한 상황이었을 수도 있고, 당시에는 그것이 최선의 선택이나 행동이었을 것이다. 적어도 그 선택이나 행동으로 인해 후회하리라고 분명하게 예측할 수는 없다.

인생은 하루하루 선택의 연속이다. 점심 메뉴를 무엇으로 할 것인가부터 시작해서 인생의 반려자에 이르기까지, 순간적인 충동에 따른 선택도 있지만 중대한 결심을 필요로 하는 것도 있다. 자신 또는 상대방에게 최선이라고 판단하여 선택했는데, 좋지 않은 결과를 초래하는 일도 종종 있다. 항상 최선의 결과를 정확히 예측하고 후회 없는 선택이나 행동만 할 수 있는 사람은 아무도 없다. 자신을 책망하는 마음이 쉽게 사라지지는 않겠지만, 최선을 다한 자신을 인정하고 스스로 용서해도 되지 않을까.

특정 대상에 죄의식을 느낀 나머지 즐거움과는 거리를 두고 금욕적인 생활을 하거나 스스로를 상처 입히는 사람도 있다. 이를 자기 징벌적 보상이라고 하는데, 죄책감에 대한 대처 방식 중 하나이긴 하지만 자신을 괴롭히는 행위는 고인도 바라지 않을 것이다.

타인의 도움을
굳이 사양할 필요는 없다

상실로 인해 입장이나 환경이 달라지면 주위 사람들과의 관계에도 변화가 생기고 거리감이 든다. 물론 변함없이 대해주는 사람도 있다. 위기가 닥쳤을 때 배려하고 지지해주는 지인의 존재는 큰 힘이 된다. 가족이나 그 밖에 신뢰할 만한 사람이 옆에 있어주기만 해도 마음의 짐이 가볍게 느껴진다. 그래서 위기에 직면했을 때 혼자가 아니라는 사실을 깨닫거나 주위 사람들의 따스한 마음을 다시 한번 느끼는 사람도 있듯이, 상실 체험을 계기로 다른 이들에 대한 친밀감이나 신뢰감이 높아지는 경우도 있다.

하지만 사람들과 교류하고 싶지 않거나 주위 사람에게 걱정을 끼치기 싫은 마음도 이해할 만하다. 특히 상실 체험을 겪은 직후라면 아무도 만나고 싶지 않고, 말하기 싫은 게 당연하다. 이러한 심정이나 기분은 존중받아야 하며, 혼자만의 시간은 꼭 필요하다. 다만, 그 상태로 계속 시간을 보내면 서서히 주위 사람들과 멀어져서 고립되는 사태가 일어날 수도 있다.

남편과 사별한 후 딸에게서 함께 살자는 제안을 받았다는 어느 70대 여성은 '자식까지 걱정하게 하기 싫어 딸아이가 잘 지내냐고 물어볼 때마다 힘들어도 잘 지낸다고 거짓말을 하게 된다'고 고백했다. 그 딸의 이야기를 직접 들을 수는 없었지만, 딸의 입장에서는 남편을 잃고 혼자 남은 어머니가 걱정돼서 최선을 다해 효도하고 싶었을 것이다.

주위 사람들이 힘이 된다면 그 호의에 기대는 것도 나쁘지 않다. 또한 믿을 만한 사람을 선택하여 의지하는 것도 좋은 방법이다. 주위 사람들은 뭐라도 도울 일이 없을까 생각하면서도 방법을 몰라서 망설이고 있을지도 모른다. 자신이 무엇을 원하는지, 무엇이 필요한지 구체적이고 솔직하게 말하는 태도가 바람직하다. 솔직한 심경을 털어놓으면 정신적인 지지를 얻을 수 있다.

누군가에게 의지하는 것은 결코 나쁜 일이 아니다. 이 세상에 태어난 이상 다른 사람의 도움을 받지 않고 사는 사람은 없다. 고통스러운 시기를 견디는 사람에게 힘이 되어주는 것은 주위 사람에게도 기쁜 일이다. 남의 입장을 지나치게 신경 쓴 나머지 도와주겠다는데도 굳이 사양하지 말자. 힘들 때 도움을 준 사람에게는 미안해할 게 아니라 고맙다고 감사의 마음을 전하는 편이 낫다. 그래도 마음에 걸린다면 다른 기회에 그 사람이나 다른 누군가에게 힘이 되어주면 된다.

때로는 주위 사람의 무신경한 말이나 태도 때문에 불쾌한 감정을 느낄 때도 있다. 예를 들어 '그래도 너는 나은 편이야'라는 말로 다른 사람의 경험과 비교하면서 상실의 무게를 덜어주려는 사람이 있다. 또는 '이제 그만 잊어야지 어쩌겠어'라거나 '산 사람은 살아야지'라는 말로 현실을 짚어주는 사람도 있다. 물론 이런 말이 어떻게 들릴지는 사람마다 다르겠지만, 이런 말을 들으면 마음이 불편해지기도 한다.

문제는 그 사람들에게도 악의는 없으며, 대부분은 슬픔에 빠진 사람을 위로하거나 격려하기 위해 무심코 하는 말과 행동이라는 점이다. 그런 사람을 만나면 그들이 하는 말이나 행동에 지나치게 신경 쓰지 말고 담담하게 넘어가자.

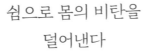

쉼으로 몸의 비탄을
덜어낸다

중대한 상실은 마음뿐 아니라 몸에도 영향을 준다. 몸과 마음
은 서로 이어져 있으며, 아무리 힘을 내려고 마음먹어도 몸의 컨
디션이 좋지 않다면 힘이 나지 않는다. 컨디션 조절과 생활 리듬
을 정상적으로 회복하는 것이 마음을 정리하는 데도 효과적이다.

컨디션 조절을 위해서는 충분히 수면을 취하고 영양가 있는
식사를 하는 것이 중요하다. 좀처럼 잠을 이룰 수 없을 때도 많
겠지만, 일단은 잠자리에 들어 느긋하게 몸을 쉬어보자. 누워 있
어도 잠이 오지 않는다거나 깊은 잠을 잘 수 없다거나 자다가 몇
번이나 깨거나 이른 새벽에 잠이 깨는 등 망가진 수면 리듬을 되
찾기 위해 병원을 찾는 사람도 많다.

식욕도 없겠지만 영양가 있는 식사를 규칙적으로 하는 습관은

마음의 회복에도 중요하다. 특히 생활환경이 크게 달라지면 아무래도 리듬이 깨져서 식사를 거르거나 영양가 있는 식사를 하지 못하는 등 변화가 생기기 쉽다. 바른 식생활로 개선하는 것이 이상적이지만, 먹는 행위 자체가 힘들 때는 일단 먹기 편한 것만 섭취해도 된다.

상실의 고통을 잊고 지내기 위해 음주나 흡연에 집착하는 사람도 있는데, 지나친 음주나 흡연은 당연히 건강에 위협이 된다. 음주나 흡연에는 중독성이 있다. 특히 혼자서 술을 마시는 습관은 고치는 것이 좋다.

일이나 취미 등에 몰두하면서 고통을 잊는 사람도 있다. 나쁘지 않은 방법이나 이 역시 과도하게 몰입하면 가뜩이나 약해진 몸과 마음에 한층 부담을 줄 수도 있다. 이러한 행동을 취하는 배경에는 '나는 이제 어떻게 되든 상관없다'는 자기 파괴적인 심리가 작용하고 있을 가능성이 있으니 경계해야 한다.

컨디션이 좋은 날에는 몸을 움직여보는 것도 괜찮다. 운동은 혈액 순환을 좋게 하고 긴장된 근육을 풀어주며 마음을 편안하게 해준다. 불면증 치료나 식욕 증진에도 효과가 있다. 간단한 체조나 산책 등 무리가 가지 않는 선에서 운동을 시작하면 바람직하다.

호흡법도 고통이나 스트레스를 해소하는 방법 중 하나다. 호흡법에는 심신의 긴장을 완화하는 효과가 있으며 정기적으로 실천하면 수면, 식욕, 신체 기능을 개선하고 기력도 회복된다. 미국의 국립 PTSD센터와 국립 아동 트라우마틱 스트레스 네트워크가 공동으로 작성한 《심리적 응급 처치Psychological first aid, PFA 가이드북 제2판》에서는 다음과 같은 기본적 호흡법을 소개하고 있다. 해보기를 권한다.

1. 코로 천천히 숨을 들이마십니다. (하나, 둘, 셋) 폐를 지나 복부까지 기분 좋게 공기를 가득 채웁니다.
2. 조용하고 부드럽게 '내 몸은 온화하게 가득 차 있습니다'라고 자기 자신에게 말을 걸어봅니다. 이번에는 입으로 천천히 숨을 내쉽니다. (하나, 둘, 셋) 폐를 지나 복부까지 완전하게 비워냅니다.
3. 조용하고 부드럽게 '내 몸은 편안하게 풀어집니다' 하고 자기 자신에게 말을 걸어봅니다.
4. 천천히 여유를 갖고 다섯 차례 반복합니다.
5. 필요에 따라 낮에 몇 번이고 반복하세요.

포기는 비굴한 게 아니라
주체적인 것이다

아내가 없는 현실을 받아들일 수 없습니다. 세상이 변해버린 것 같은 기분이에요.

마음의 준비가 전혀 되지 않은 상태에서 어느 날 갑자기 부인을 떠나보낸 어느 60대의 남성이 한 말이다. 아내와 사별한 당시에는 별주부를 따라 바닷속 용궁에 갔다가 간을 떼주고 고향으로 돌아온 것 같은 기분이 들 정도로, 지금까지와는 전혀 다른 세상에 있는 것 같았다고 한다. 마치 이 세상을 바깥에서 보고 있는 것 같은 기분이었다고도 했다.

갑자기 중대한 상실에 직면했을 때 쇼크 상태에 빠져 현실을 받아들일 수 없어서 지금 처해 있는 상황이 어떤지 파악하지 못하는 사람이 있다. 어떤 사람은 현실에서 일어난 사건을 믿지 않거나 그 사건이 있었다는 사실 자체를 부정하기도 한다.

쇼크 증상이나 현실 부정은 무의식적으로 일어나는 건전한 방어 반응으로, 정신적인 위기를 맞은 상태에서 현실에 짓눌리기 직전의 마음을 지켜주는 완충재다. 상실 체험을 한 직후에 나타나는 이러한 반응은 현실을 이해하게 될 때까지 며칠간 지속되기도 한다.

잃어버린 대상이 클수록 그 현실을 받아들이는 데는 시간이 걸린다. 머리로는 상황을 이해해도 인정하고 싶지 않은 마음이 더 강하게 작용하여 현실을 받아들이지 못하는 경우도 있다. 이성뿐 아니라 정서적으로도 상실을 받아들이기까지는 상당한 시간이 걸릴 수도 있으므로, 금방 받아들이지 못한다고 해도 문제가 되지는 않는다. 아무리 시간이 흘러도 완전하게 받아들이는 것은 불가능하다는 사람도 있다.

주어진 현실은 바꿀 수 없다. 잃어버린 대상을 되돌릴 수 있는 상실도 있지만 아무리 노력해도 되돌릴 수 없는 불가역적인 상실도 많다. 현실을 받아들이기란 매우 힘든 일이지만 현실을 똑바로 직시하면 자신의 인생에 아직 남아 있는 것과 앞으로 바꿀 수 있는 것들, 그리고 상실을 통해 새롭게 주어진 것이 무엇인지 알 수 있다.

사회심리학자인 아이카와 아쓰시相川充 교수는 상실 체험에 대해 쓴 책에서, 아내를 잃은 후에 포기하는 방법을 배우면서 심경에 변화가 생겨났고 새로운 희망을 발견했다고 밝혔다. '포기한다'는 단어는 부정적인 느낌을 준다. 누군가가 능력 부족으로 좌절하여 도중에 일을 그만두려는 상황일 때 '그렇게 쉽게 포기하지 마'라든가 '절대로 포기하지 않겠다'라는 식으로 쓰이는 단어이기 때문이다. 일반적으로 포기하기보다는 포기하지 않는 쪽이 바람직한 행동이라고 여기기 마련이지만 '포기하는 것이 중요하다'는 말도 있다.

아이카와가 생각하는 '포기'란, 인생 그 자체를 버린다는 것이 아니라 자신이 할 수 있는 것과 할 수 없는 것을 구별하고 할 수 없는 것을 그만두는 것, 또는 인간의 힘으로는 어떻게 할 수 없는 것이 있다는 사실을 인정하고 과거나 미래에 대해 번민하기보다는 눈앞의 현실에 최선을 다하면서 살아가는 것이다. 포기한다는 것은 인생에 대해 비굴해지는 것이 아니라, 생각대로 되지 않는 인생사를 받아들인 상태에서 주체적으로 살아가는 자세다.

작가인 엔도 슈사쿠遠藤周作는 노인은 나이 듦을 고스란히 받아들이고 나서 앞으로 어떻게 살아갈 것인가를 생각해야 한다고 하면서, 료칸 스님이 남긴 '죽을 때는 죽는 게 최선'이라는 말을 흉내 내어 '늙을 때는 늙는 게 최선'이라고 하였다. 이 말은 이 책의 주제인 상실과도 통하는 것이므로 필자도 선인들의 흉내를 내본다면 '잃을 때는 잃는 게 최선'이라고 할 수 있겠다.

포기한다는 것은 인생에 대해
비굴해지는 것이 아니라,
생각대로 되지 않는 인생사를
받아들인 상태에서
주체적으로 살아가는 자세다.

말로 표현해야
슬픔이 덜어진다

원래 속마음을 말로 표현하는 것은 그리 쉬운 일이 아니다. 중대한 상실 체험으로 인해 생겨난 감정은 여러 가지가 뒤섞인 복잡한 심경이자 말로 표현할 수 없는 괴로움이다. 말로 표현할 수 없는 괴로움을 말로 표현하려면 어느 정도 시간이 필요한데, 때로는 그 시간이 상당히 길어질 수도 있다.

중대한 상실을 마주하는 방법 중 하나로, 신뢰할 만한 사람에게 자신의 속마음을 털어놓는 것이 도움이 된다. 화제의 특성상 듣는 역할을 하는 사람이 중요하므로 이야기 상대를 고를 때에는 신중하게 선택해야 한다.

그러나 속마음을 말로 표현하는 가장 큰 목적은 상대에게서 어떤 반응이 나오기를 기대하는 것이 아니다. 다른 사람에게 속

마음을 털어놓는 행위의 의미는 스스로 자신의 마음과 거리를 두고 그 내면을 다시 응시하는 것이다. 속마음을 털어놓는 행위는 때로는 힘든 작업일 수 있으므로 강요해서는 안 되지만, 그 행위를 통해 무언가 깨달음을 얻는 것은 분명하다.

일기장이나 노트 등에 자신이 느끼는 바를 적는 것도 방법이다. 오롯이 자기 자신과 마주하는 행위를 통해 마음이 조금이라도 가벼워지고 마음 정리에 도움이 될 수 있다. 사별한 사람이라면 고인에게 편지를 써보는 것도 좋을 것이다. 최근에는 SNS를 이용하여 블로그 등에 자신의 생각을 정리해서 적어두는 사람도 있다. 보이지 않는 마음을 문자화하는 과정을 통해 상실에서 비롯된 복잡한 심경이나 감정의 실체를 분석하면 마음이 조금은 정리될 것이다. 그리고 자신이 쓴 글을 어느 정도 시간이 흐른 뒤에 다시 읽어보면 그동안의 심경 변화라든가, 다시 일어서기 위해 노력한 과정을 확인할 수 있다.

말을 하거나 글을 쓰는 것 외에 시를 쓰거나 그림을 그리는 등의 행위도 마음을 표현하는 좋은 수단이다. 필설로는 다 할 수 없는 복잡한 마음도 작품을 통해서라면 표현할 수 있다.

옛날 일본에서는 죽음을 애도하기 위한 노래를 시로 표현했는데, 일본에서 가장 오래된 시가 문학 작품집인 《만요슈万葉集》에도 그러한 노래가 여럿 실려 있다. 예를 들어 '갈대가 무성한 물가를 날아가는 기러기의 날개를 보면 당신의 옷에 달려 있던 손화살이 떠오르네'(3권 3345번 작품, 작자 미상)라는 작품은 나라를 위해 변방에서 목숨을 바친 남편을 그리워하는 내용인데, 이를 보면 남겨진 자의 애절한 심정이 잘 표현되어 있다.

방법이 무엇이든 상관없다. 속마음을 표현하는 행위는 자신의 내면과 마주 보고 대화를 나누는 것에 그 의미가 있는 것이다.

필자는 예전에 유족 지원 프로그램의 일환으로 대학교 제자들과 함께 《나뭇잎 프레디》라는 그림책을 모티브로 삼아서 유족들이 자기 마음을 표현할 수 있도록 하는 활동지를 작성한 적이 있다. 활동지에 사망하는 사람은 '떨어지는 나뭇잎', 남겨지는 사람은 '배웅하는 나뭇잎'이라고 이름을 붙이고 사별 당시 및 현재의 심경에 대해 각각의 입장이 되어서 써보는 활동이다. 장의사 측의 협력을 얻어서 참여 유족을 모집한 결과, 일곱 명이 활동의 취지에 찬성하고 제각기 자신들의 심경을 적어주었다.

다음은 고인이 유족에게 보냈다고 가정하고 쓴 메시지다.

• 나는 먼저 가지만, 울지 말고 당신답게 살아가. 항상 웃는 얼굴을 잃지 말고, 하고 싶은 일을 하면서 살면 돼.

- 당신 잘못이 아니야. 지금까지 고마웠어. 앞으로도 당신과 아이들을 하늘에서 지켜볼게.

다음은 고인 앞으로 보내는 메시지다.

- 당신이 얼마나 내게 소중한 사람인지 너무 늦게 깨달아서 미안해. 당신한테 고마운 마음은 말로 다 할 수가 없어. 지금까지 열심히 우리 가족을 지켜줘서 정말 고마워.
- 아무리 세월이 흘러가도 외로움은 사라지지 않을 것 같아요. 그만큼 당신이 나에게 충실한 시간을 주었던 거겠죠. 앞으로 즐거움을 찾아가면서 웃는 얼굴로 살아갈게요.

이때 당사자들의 양해를 얻어 일곱 유족들의 소중한 이야기를 사진과 음악을 엮은 영상으로 완성했다. 더욱 많은 유족들에게 슬픔과 마주할 계기가 되기를 바라는 마음에서 제작한 것이다.*

• '葉っぱの物語, 関学'로 검색하면 볼 수 있다(http://www.youtube.com/watch?v=MxpOjGHWEuU)

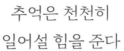

추억은 천천히
일어설 힘을 준다

살다 보면 어떤 계기로 뜻하지 않게 잃어버린 사람이나 물건과 관련된 과거의 기억이 갑자기 떠올라 큰 슬픔과 고통에 휩싸일 때가 있다. 남편과 사별한 어느 60대 여성은 '길을 걷다가 남편과 함께 가던 가게라도 발견하면 옛 생각이 떠올라 외출하는 것도 쉽지 않다. 가능한 한 남편의 추억을 불러오는 것들을 피하면서 지난 1년을 살았던 것 같다'고 털어놓았다.

그런데 상실 체험에 있어서 떠오르는 기억이 언제나 슬픈 것만은 아니다. 심리학자 보나노 박사는 강렬한 비탄의 한복판에 있더라도 사람은 긍정적인 기억을 불러올 수 있는 능력이 있고 좋은 추억에 의지하여 마음의 평정을 유지함으로써 상실의 고통과 맞설 수 있다고 주장한다. 그리고 긍정적인 기억과 부정적인 기억 사이를 오가면서 조금씩 고통에서 벗어나 시간의 흐름과 함께 자신을 되찾을 수 있다고 역설한다. 노벨 의학상 및 생리학상을 수상한 도네가와 스스무利根川進 박사 팀이 실험용 쥐를 대상으로 한 연구 결과에 따르면, 과거의 행복했던 기억을 뇌에서 활성화시켰더니 우울증 증세가 개선되었다고 한다.

사별의 경우를 떠올려보면 이 연구 결과는 타당한 듯하다. 고인과 생전에 공유했던 추억은 유족이 살아가는 데 크나큰 의지처가 된다. 영국 성공회 신학자이자 교수였던 헨리 스콧 홀랜드 Henry Scott Holland의 시 〈죽음은 별것이 아니야Death is nothing at all〉를 포함한 책 《작별 인사를 고한 후에さよならのあとで》의 맺음말 부분을 보면 다음과 같은 글이 있다.

나는 이제 두 번 다시 일어서지 못하는 건 아닐까, 몇 번이나, 몇 번씩이나 그렇게 생각했습니다.

하지만 우리에게는 추억을 불러올 힘이 있습니다. 그 사람이 있었던 장소, 언제나 앉아 있던 의자, 읽던 책, 항상 신던 신발, 미소, 재채기, 목소리, 손가락, 그 사람이 얼마나 나를 사랑했는지. 이런 것들을 떠올렸을 때, 우리는 다시 한번 천천히 일어설 수 있다고 생각합니다.

고인의 눈에 더 이상 내 모습이 비치지 않는다고 해도, 고인과 나의 관계까지 사라진 것은 아니다. 고인의 사진을 사진첩에 꽂아두거나 추억이 깃든 물건을 상자에 고이 담아 보관하며 고인을 가까이 느낄 수 있다. 모든 사람이 행복한 추억만을 갖고 있는 것은 아니겠지만, 고인이 나에게 쏟은 애정을 떠올리면 외로운 마음에도 따스한 온기가 퍼지지 않을까. 살아 있을 때의 고인의 모습을 기억하는 사람들, 마음을 터놓을 만한 사람들과 함께 고인에 대한 추억을 나누는 것도 좋다.

상실감이 너무 커서 충격에 빠졌다면, 과거의 좋은 기억이 괴로운 기억 아래에 묻힐 수도 있다. 행복했던 추억을 떠올리는 일이 당장은 불가능하다고 생각할 수도 있다. 하지만 과거의 행복했던 추억을 되새기면 현재의 고통은 희미해질 것이다. 다른 사람과 이야기를 나누거나 떠오르는 생각을 글로 적으면 예전의 즐거웠던 추억이 갑자기 떠오르는 것을 경험하기도 한다.

잠시 제자리에서
쉬어가도 된다

중대한 상실은 지금까지의 평온했던 생활을 송두리째 바꾼다. 잃어버린 대상의 존재나 역할이 클수록 예전의 생활을 그대로 유지하기가 어렵기 때문이다.

하지만 예전과 똑같이 지낼 수는 없어도 가사나 취미, 일, 공부 등 이제까지 해온 일상생활을 조금씩이라도 이어가는 것이 중요하다. 생활 리듬을 안정시키는 것은 마음의 평온을 유지하는 데도 도움이 된다.

평론가 겸 번역가인 가와모토 사부로는 35년간 동고동락하던 아내를 먼저 보내고 사별 후의 일상생활을 쓴 《그리고 인생은 이어진다そして人生はつづく》의 맺음말에서 '비극의 크기를 알수록 일상의 평안이 소중하게 느껴진다'라고 말한다. 그리고 '하루하루 평

범하게 살아가는 것, 어떻게든 지금까지 살아온 대로 살아가는 데 집중하면서 사별 후의 하루하루를 버텨온 것 같다'고 지난 시간을 회상하고 있다.

남편이 사망한 후 말로 표현할 수 없을 만큼 쓸쓸함을 느낀다고 한 어느 60대 여성도, 앞날에 대해서는 생각하지 않고 뭔가를 배우러 다니거나 화단을 가꾸거나 치과 치료를 받는 등, 그날그날 해야 하는 일을 하면서 하루를 보낸다고 한다.

중대한 상실을 경험한 후에도 심기일전하여 새로운 생활이나 인생의 첫걸음을 내딛는 것은 나쁘지 않다. 다만 상실을 체험한 직후에는 뭔가에 집중하거나 논리적인 사고를 하기가 어려워서 냉정하게 판단할 수 없다. 그러므로 이사나 이직, 재산 처분 등과 같은 중요한 의사결정은 당분간 미루어두는 것이 좋다. 서둘러서 일을 처리하려 들면 새로운 걱정거리가 생길 수도 있다. 물론 상황에 따라서는 빠른 판단과 행동력이 필요할 것이다. 그런 때에도 혼자서 성급하게 일을 추진하지 말고, 다른 사람과 의논하면서 가능한 한 시간적 여유를 두고 처리하는 것이 바람직하다.

남편을 여읜 또 다른 60대 여성은 '사람들은 나한테 앞을 바라보고 긍정적인 마인드로 살면 된다고들 하는데, 어떻게 사는 것이 긍정적 마인드로 사는 것인지 알 수 없었다'며 당시의 솔직한 심정을 토로했다.

긍정적인 마인드로 세상을 사는 태도가 중요하다고들 말한다. 무슨 일에든 적극적으로 임하는 것은 바람직하지만, 가끔은 제자리에서 천천히 쉬어가도 좋지 않을까?

도쿄대학교의 후쿠시마 사토시福島智 교수는 겨우 열 살 때 시력을 잃었고 만 18세에는 청력마저 잃어버렸다. 그는 자신이 움츠러들었다고 느껴지면 나아갈 방향이 분명히 보일 때까지, 또는 전진하는 데 필요한 에너지가 채워질 때까지 섣불리 움직이지 않고 그 자리에서 가만히 기다리기로 했다고 말한다. 그리고 도저히 앞으로 나아갈 수 없을 때는 '소극적인 자세로 약간 뒤로 물러나기'를 생각한다고도 한다.

긍정적 마인드로 앞을 향해 나아가는 데만 집착하지 않고 소극적인 자세를 그대로 유지한 채 어떻게든 자신을 격려하면서 일단 할 수 있는 것부터 처리하다 보면 결과적으로는 한 걸음 더 앞으로 나아간 것을 발견할 때도 있다. 앞에서 소개한 여성은 사별 후 1년간 눈물로 하루하루를 보냈지만, 시간이 흐르면서 조금씩 다른 것도 생각할 수 있는 여유가 생겼다고 말했다.

오롯이 나만을 위한
시간을 보낸다

상실로 인해 큰 충격을 받았을 때, 취미나 학습 활동 등 예전에 즐겁게 하던 일도 할 수 없고 무엇도 즐길 수 없을 때도 있다. 즐거운 시간은 두 번 다시 찾아오지 않을 것 같은 느낌마저 든다.

주말농장처럼 작은 땅을 빌려서 채소나 꽃을 키우는 취미를 가졌던 60대 남성은 아내와 사별한 후에는 다 그만두었다고 한다. 채소를 먹어줄 사람, 집 곳곳을 꽃으로 장식할 사람도 없으니 흥이 나지 않는다는 것이 이유였다.

사별을 겪은 사람들 중에는 '뭔가 재미있다고 느끼면 안 될 것 같다', '나만 활기차게 살아가려니 미안하다'고 말하는 사람도 있다. 죽음을 애도하고 고통스러워해야 고인을 사랑한 것이라 여기고, 취미 생활을 하면서 재미를 느끼는 것에 대해서 죄책감을 느

끼는 것이다. 반대로 자신이 즐겁게 살아가는 것이 고인을 기리
는 방법이라고 생각하는 사람도 있다.

　사별 후 혼자 살고 있는 어느 70대 여성은 딸에게서 유산은 필
요 없으니 좋아하는 물건을 사거나 맛있는 요리를 먹거나 여행
을 다니면서 하고 싶은 일이나 실컷 하라는 말을 들었다고 한다.
그래서 그녀는 한동안 아무것도 즐겨서는 안 될 것 같았지만, 사
별 후 3년이 지난 지금은 자신이 건강하게 하루하루 살아가는 것
이 남편을 기리는 방법이라고 생각하면서 여러 가지 취미 활동
을 즐겁게 해볼 생각이라고 말했다.

　뭔가를 즐기는 것이 내키지 않을 수도 있지만, 하루 24시간 중
에서 얼마간이라도 자신이 좋아하는 일을 위한 시간을 내는 것
이 바람직하다. 좋아하는 음악을 듣거나 쇼핑을 즐기거나 맛집
투어를 다니거나 정원을 가꾸는 등 부담 없이 즐길 수 있는 일을
해보는 것이다. 날씨가 좋은 날은 외출해서 산책하거나 혼자서
천천히 걸어보는 것도 좋다.

　직장 생활을 하는 내내 워커홀릭이었던 한 70대 남성은 정년
퇴직 후에 아내와 사별하고 집에만 틀어박혀 있자니 더 힘들어
져서 노래방에 가서 노래를 부르거나 게이트볼 같은 가벼운 운
동을 하고 있다고 이야기했다. 평생 가족과 직장 동료하고만 지

냈지만, 이제는 초면인 사람들과 친해지는 것이 재미있고 손주와 놀아주는 것도 즐거워서 온통 노는 일에만 관심이 쏠렸다고 한다. 그러면서 자신의 삶 자체에 감사하게 되었다고 털어놓았다.

중대한 상실로 인해 상처를 입고 예민해진 마음을 치유하려면 짧아도 좋으니 즐거움을 느끼면서 마음을 쉴 수 있는 나만의 시간을 내는 것이 중요하다. 다시 말해 괴로워하는 마음으로부터 일시적으로 멀어질 수 있는 기회를 만들어야 하는데, 이는 그 기회가 깊은 슬픔으로부터 빠져나올 수 있는 실마리를 만들어주기 때문이다. 취미 생활을 하거나 뭔가를 새롭게 배우는 과정에서 새로운 사람과 만날 수도 있다. 친한 친구나 동료의 지지는 앞으로 인생을 살아가는 데 꼭 필요한 힘이 되어줄 것이다.

불완전하더라도
해야 할 일을 하나씩 해나간다

상실 후에는 비탄과는 별개로, 소소한 집안일을 비롯하여 다소 복잡한 절차를 거치는 일까지, 크고 작은 일상사를 처리하는 과정에서 어려움을 느낄 수 있다.

예를 들어 가족 중 한 사람이 질병으로 입원이라도 하면 지금까지 그 사람이 맡고 있었던 역할을 누군가가 대신해야 한다. 식사 준비, 장 보기, 아이 챙기기, 반려동물 사료 주기, 강아지 산책하기 등, 하루 일과 중에 처리해야 하는 많은 일은 다른 가족 구성원에게 큰 부담이 된다. 게다가 가족 중 누군가가 사망하면 상속이나 연금, 보험금 등과 관련된 번잡스러운 절차가 기다리고 있다. 재난으로 주택이 파손된 경우라면 주거지 확보를 비롯하여 국가 지원금 수령 등의 행정적 절차도 밟아야 한다.

가뜩이나 정신적으로도 힘든 시기인데 이렇게 크고 작은 일이 닥치면 현실에 짓눌리는 듯한 기분이 든다. 어디부터 손을 대야 할지도 몰라서 망연자실할 수도 있다.

이때, 일단 지금부터 해야 할 일을 '할 일 목록'에 적어보자. 지금 어떤 점이 어려운지, 어떤 일부터 해야 하는지 하나하나 적어본다. 그다음에 우선순위에 있는 일부터 처리한다. 물론 동시에 처리해야 하는 일도 있겠지만, 중요한 것은 완벽하게 처리하려고 무리하지 않는 것이다. 몸과 마음이 모두 지친 상태에서 모든 일을 완벽하게 처리할 수 없는 것은 당연하다.

무엇보다 혼자서 처리하기에 벅찬 일이 있다면 혼자 싸매고 고민하지 않아야 한다. 가족이나 친구에게 어떤 일을 도와달라고 할 것인지 판단하여 분명하게 의사를 전달한다. 때로는 위로나 격려의 말보다 문제 해결을 위한 실제적인 지원이 더 큰 도움이 된다. 필요한 정보나 지원을 얻기 위해 관련 부처의 행정 담당자와 상담하는 것도 좋다.

무엇을 잃었는가에서
무엇이 남았는가로 눈을 돌린다

소중한 대상을 잃었다는 사실에 망연자실한 채, 그 밖의 다른 생각은 할 수 없는 사람도 있다. 잔인한 말 같지만, 이미 일어난 일은 돌이킬 수 없다. 그러나 사건 자체 및 주변의 긍정적인 면에 눈을 돌려 상실의 고통을 완화시킬 수는 있다.

호스피스 병동에서 생을 마감한 환자의 가족에게서 많이 듣는 이야기가 환자가 편안한 임종을 맞을 수 있었던 점과 마지막까지 최선을 다해서 환자를 돌볼 수 있었던 점이 좋았다는 것이다. 질병이나 사고로 갑자기 가족을 잃은 사람들 중에 '오랫동안 고통을 겪지 않고 짧은 시간에 임종을 맞았다는 사실이 그나마 위안이 된다'고 하는 경우도 그렇다. 이처럼 힘든 체험을 한 후에 하나의 사건을 다른 각도로 바라보는 것은 상실에 대처하는 효과적인 방법 중 하나다.

물론 아무리 해도 긍정적인 면을 찾을 수 없을 때도 있다. 정신적인 충격이 너무 큰 나머지 괴로움 말고는 감정을 전혀 느낄 수 없을 때는 기억을 되살리는 것조차 힘들다.

그런데 인간에게는 '기분 일치 효과mood congruence effect'라는 심리 작용이 있어서 유쾌한 기분일 때에는 사람이나 사건의 긍정적인 면이 더 잘 보이는 반면, 불쾌한 기분일 때에는 부정적인 면이 더 잘 보인다고 한다. 기억도 마찬가지라서 불쾌한 기분일 때에는 힘들었던 기억이 훨씬 잘 떠오른다. 따라서 쉬운 일은 아니겠지만, 과거를 회상할 때에는 긍정적인 면을 일부러 의식하려 노력하는 것이 좋다.

상실을 겪은 사람들이 잃어버린 것을 자꾸 의식하는 것은 당연하다. 그러나 자신의 죽음이라는 상실을 제외하면, 인생이 전부 사라지는 상실이란 존재하지 않는다. 후천적 장애를 입은 사람들의 장애 수용에 관한 고전 이론으로, 1950년대 심리학자 타마라 뎀보Tamara Dembo 등이 제창한 '가치 전환 이론'이 유명하다. 가치 전환의 일환으로, 세상에는 본인이 잃어버린 가치 말고도 얼마든지 다른 가치가 있다는 것을 깨닫고 자신에게 남아 있는 가치가 아직도 많다는 사실을 인식하는 '가치 시야 확대'를 주장

한다. 즉, '자신이 무엇을 잃었는지'가 아니라 '자신에게 무엇이 남아 있는지'에 눈을 돌려야 한다는 것이다.

상실 체험은 무엇인가를 잃어버리는 것만은 아니다. '잃는다' 는 단어의 반의어는 '얻는다'로, 무엇인가를 잃는 것과 얻는 것은 동전의 양면과도 같은 관계에 있다. 앞에서도 언급했지만, 결혼 이나 진학 같은 기쁜 변화에도 상실은 필연적으로 따르고, 아무 리 인생 최악의 사건이라고 해도 잃기만 하는 건 아니다. 힘든 체 험을 하는 과정에서 주변 사람들의 세심한 배려를 받으면서 혼 자가 아니라는 깨달음을 얻는 사람도 있고, 예전처럼 건강한 육 체는 아니지만 살아 있다는 사실에 큰 기쁨을 느꼈다는 사람도 있다. 상실이 없었더라면 만나지 못했을 새로운 사람과의 만남도 그중 하나일 것이다.

긍정적인 면에 눈을 돌리는 것은 사건 자체를 긍정한다는 뜻 이 아니다. 긍정적인 면이 있건 없건 간에 그 사건은 여전히 견디 기 힘든 체험이다. 긍정적인 측면을 발견하려는 노력은 가혹한 상실 체험으로 인한 고통을 견뎌내기 위해 새로운 관점을 발견 하려는 것이다. 요컨대 절망의 암흑 속에서 '그나마 위안이 될 만 한 무언가'가 될 수 있는 희망의 빛을 찾아내려 노력하는 것이라 고 할 수 있다.

상실 체험은 무엇인가를
잃어버리는 것만은 아니다.
'잃는다'는 단어의 반의어는 '얻는다'로,
무엇인가를 잃는 것과 얻는 것은
동전의 양면과도 같은 관계에 있다.

상실한 사람들끼리
마음을 연대한다

상실은 누구나 겪는다는 점에서는 공통적이지만, 그 체험은 다르기 때문에 개별성이 크다. 비슷한 상실 체험이어도 대상과의 관계나 각자가 처해 있는 상황에 따라 상실을 받아들이거나 대처하는 방식은 다를 수 있다. 엄밀하게 말하면 똑같은 체험은 단 하나도 없다. 그렇지만 비슷한 상실 체험끼리는 통하는 면이 있다. 실제로 비슷한 상실 체험을 한 사람들끼리는 많은 이야기를 하지 않아도 서로의 고통을 이해할 수 있다.

중대한 상실을 경험한 사람끼리 연대하여 체험을 나누는 것은 자기 위안에 그치지 않는다. 다른 사람들의 경험을 듣고 용기를 얻거나 살아갈 힘과 실마리를 얻을 수 있다. 필요한 정보를 교환하다 보면 눈앞에 닥친 고난에 대해 구체적인 해결책을 찾게 될지도 모른다. 무엇보다 비슷한 이유로 힘들어하는 사람과의 만남은 지금까지 혼자서 괴로워하던 사람에게 든든한 동지가 생긴 기분이 들게 하고 고독감을 덜어준다.

비슷한 상실 체험을 겪은 사람이 가까이에 있다면 그 사람과의 관계를 소중히 하는 것이 바람직하다. 이런 사람들을 이어주는 다양한 활동도 마련되어 있다. 주변에 비슷한 체험을 한 사람이 없다거나, 그런 사람이 있기는 해도 어떻게 접근해야 좋을지 모를 때에는 이러한 활동에 참가하는 것도 방법이다.

예를 들어, 일본에는 암을 체험한 사람과 그 가족을 대상으로 운영되는 프로그램으로 '도모이키 교토ともいき京都'라는 모임이 있다. 암 병동 전문 간호사이자 교토대학교 대학원의 다무라 게이코田村惠子 교수가 대표를 맡고 있는데, 암을 체험한 사람들이 평소의 생각이나 고민을 털어놓고 살아가는 데 필요한 힘을 키우고 서로 의지할 수 있도록 2015년 7월부터 교토의 주택을 빌려서 활동 중이다.

그들이 말하는 '살아가는 데 필요한 힘'에는 투병 중의 식이요법이나 다리의 부종을 줄이는 법 같은 생활의 지혜는 물론, '죽음과 어떻게 마주할 것인가', '앞으로 어떻게 살아갈 것인가'와 같은 주제도 포함되어 있다고 한다. 이러한 질문에 정답이 있는 것은 아니므로 답을 찾지 못할 수도 있다. 다무라는 참가자들끼리 나누는 대화의 중요성을 강조하는데, 다른 사람들에게서 지혜를 빌려 답을 탐색하거나 지금까지 나왔던 답이나 질문 자체를 바꿔 써보는 식으로 활동을 전개하고 있다.

또한 후루베 마유미古部真由美가 대표로 있는 '마룻토 니시니혼まるっと西日本'은 후쿠시마 동일본 지진 당시에 다른 지방으로 피난 이주한 사람들을 지원하는 단체다. 오사카에 본부를 두고 인터넷으로 소식지를 보내거나 정보지를 발행하는 등 피난을 위해 후쿠시마를 떠난 사람들에게 정보를 제공하는 일이 주요 활동이다. 후루베도 그 당시 후쿠시마를 떠난 사람들 중 한 명인데, 이주한 곳에서 그곳 사람들의 이해 부족으로 힘든 시간을 보냈다. 당시에는 같은 처지에 있는 사람들과 만나는 일조차 개인정보보호 때문에 쉽지 않았다고 한다. 그는 신문 기사 인터뷰를 통해 '다양한 정보를 나누어 피난 온 사람들끼리 서로 연결되기를 바라는 마음에서 활동을 시작했다'고 말했다. 정보지를 통해 각종 지원 관련 정보나 고향 소식뿐 아니라 간사이* 지방 각지에서 개최되는 피난자 교류 모임 등도 소개하고 있다. 이러한 활동은 자칫하

---

* 오사카와 교토를 중심으로 하는 일본의 지역명

면 고립되기 쉬운 피난자들을 이어주는 다리 역할을 한다는 점에서 뜻깊다.

'힘들다'는 뜻의 일본어 단어 '쓰라이_{つらい}'는 원래 '동반자가 없다'는 뜻을 나타내는 '쓰라나시_{つらなし}'가 어원이라고 한다. 원래는 함께하는 사람이 없어서 괴로운 심경을 나타내는 말이었던 셈이다. 혼자서 감당하기 힘든 괴로움의 무게도, 같은 상실 체험의 고난과 역경을 나눌 수 있는 사람들과 연대하면 조금은 가벼워질 것이라 믿는다.

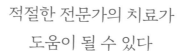

적절한 전문가의 치료가
도움이 될 수 있다

심각한 정신적 고통 때문에 일상생활을 하는 데 어려움을 느끼낀다면, 정신과 의사나 심리 치료 전문의, 상담 치료사 등 마음 치료 전문가에게 의지하는 것이 좋다. 어떤 종류의 상실이었는지에 따라 가족이나 친구 등 아무리 가까운 사람이라고 해도, 오히려 가까운 사람이기 때문에 있는 그대로 털어놓기가 어렵기도 하다. 상담 기관에는 비밀 유지 의무가 있어서 개인정보는 결코 외부로 새어나가지 않는다. 또한 프라이버시도 철저하게 보장되므로 안심하고 속마음을 털어놓을 수 있다.

정신과나 상담 치료는 일반인에게는 낯설기 때문에 불안이나 저항감을 느끼는 사람도 있을 것이다. 어디로 가야 좋을지 모르겠다거나 비용이 얼마나 들지 걱정된다는 사람도 있고, 정말로 정신과 진료나 심리 치료를 받아야 하는 상황인지 판단이 서지 않아 주저하는 사람도 많다. 그런 이유로 망설인다면 전화 상담이 가능한 곳부터 문을 두드리자. 비슷한 체험을 한 사람들로부터 어디가 좋았는지 정보를 모아보는 것도 괜찮다.

전문가에게 상담 치료를 받았다고 해서 금방 좋아지지는 않을지도 모른다. 하지만 이야기를 차분히 들어주는 누군가가 있고 정신과에서는 적절한 약도 처방해주기 때문에 마음이 가벼워질 수 있다. 도저히 불면증이 낫지 않을 때는 수면제의 힘을 빌려 생활 리듬을 되찾을 수 있을 것이다. 물론 약에 의지한다고 해서 괴로움이 사라지는 것은 아니지만, 그렇게라도 해서 일상생활이 수월해진다면 살아가는 데 필요한 의욕과 에너지가 생겨날 것이다.

상실을 체험한 이에게
회복을 강요하지 않는다

중대한 상실에 직면하여 크나큰 비탄을 겪는 사람들에 대한 원조나 지원을 가리켜 '그리프 케어Grief Care'라고 한다. 원래 유족 케어나 사별 케어와 같은 의미로 사용되었다. 하지만 그리프 케어는 사별을 경험한 사람만의 비탄을 의미하는 용어가 아니다. 또한 '그리프=슬픔'이라는 공식이 연상되어 '심리적 케어'라는 인상이 강할 수 있지만, 그렇게 단정지을 수는 없다.

그리프 케어에 관한 엄밀한 정의는 현재 통일되어 있지는 않으나 상실 후의 심리적인 적응 과정을 촉진하는 동시에 상실에 따른 각종 부담이나 고난을 줄이기 위하여 실시되는 포괄적인 지원이라고 말할 수 있다.

사별의 경우, 그리프 케어의 필요성은 예방의학적인 관점에서

다루어진다. 사별에 따른 비탄은 기본적으로는 정상적인 반응이
지만, 때로는 복잡성 비탄이나 정신질환 및 신체 질환, 자살, 사
망에 이를 수 있는 위험성을 내포하고 있음이 지금까지의 역학
연구를 통해 밝혀졌다. 따라서 이러한 위험도를 낮추기 위해 정
상적인 심신 기능을 회복하게 하는 것이 목표다. 이에 더하여 현
실적인 생활고나 앞으로의 인생 설계처럼, 소중한 사람을 잃은
후에도 다시 살아야 하는 인생, 그리고 실제로 생계를 어떻게 꾸
려나갈지에 대한 지원도 필요하다.

그러면 가까운 사람이 중대한 상실에 직면해 있을 때 주위 사
람들은 어떻게 힘이 되어줄 수 있을까? 우선은 유모토 가즈미湯本
香樹實가 쓰고 사카이 고마코酒井駒子가 그린 《곰과 작은 새》(웅진주니
어, 2021, 원제는 '곰과 들고양이〈くまとやまねこ〉')의 일부를 소개하고자 한다.

친하게 지냈던 작은 새가 죽자, 곰은 작은 상자를 만들어서 꽃잎
을 가득 깔고서는 작은 새를 그 안에 넣었어요. 항상, 어디에 가
든지 곰은 작은 새를 넣은 그 상자를 갖고 다니게 되었지요. 숲
의 동물들은 곰에게 물었어요.

"어라? 곰은 멋진 상자를 갖고 있네? 그 안에는 도대체 뭐가 들
어 있어?"

하지만 곰이 상자를 열면 다들 어처구니없다는 표정을 지으면서 입을 다물어버리지요. 그러고 나서 언제나 다음과 같은 말을 곰에게 건넸어요.

"곰아, 이제 작은 새는 돌아오지 않아. 힘들겠지만 잊어야 해."

곰돌이는 집에 돌아가서 문을 잠갔어요.

(중략)

이윽고 곰돌이가 만난 들고양이는 상자 안의 작은 새를 보고 말했어요.

"너는 이 작은 새랑 아주 많이 친했구나. 작은 새가 죽어서 정말 슬플 것 같아."

그 후 곰은 예전에 함께 낮잠을 즐기던 양지 바른 곳에 작은 새를 묻어주고 들고양이와 함께 돌을 올려놓은 후 꽃으로 장식한다. 그러고 나서 곰과 고양이는 새로운 여행을 떠난다.

그리프 케어에서 가장 기본이 되는 것은 상대방의 마음을 존중하고 그 마음에 다가가는 자세다. 중대한 상실을 경험한 사람의 심경은 매우 다양한데, 그 다양한 심경을 있는 그대로 존중해야 한다. 위에 소개한 그림책에서 곰이 만난 들고양이가 그랬듯이, 있는 그대로의 나를 인정해주는 사람의 존재는 정말로 든든하고 용기를 내어 한발 앞으로 나아가게 해주는 힘이 된다.

상대방의 기분은 생각하지 않고 일방적으로 조언이나 충고를 건네는 것은 '친절한 강요'가 되기 쉽다. 자칫하면 자신의 경험만 기준으로 안이하게 생각하여 '이러는 게 좋겠다'거나, '그러지 않는 게 좋겠다'는 식으로 조언하기 쉽다. 하지만 상실에 대처하는 방식과 속도는 사람마다 다르다. 당사자의 기분이나 깊은 내면에 대해서는 본인 외의 다른 사람은 알 수 없다. 강요하는 것처럼 보이지 않도록 도를 넘지 않는 친절이 필요하다.

힘든 과정을 겪고 있는 사람이 곁에 있으면 뭔가 특별한 것을 해주어야 한다고 생각하기 쉽다. 그러나 정말 가까운 사람에게는 근사한 표현을 사용하면서 위로하기보다는 지금까지와 다름없는 태도로 자연스럽게 대하는 것이 나을지도 모른다. 말로 표현하지 않아도 옆에서 함께 슬퍼하는 것만으로도 큰 위로가 된다. 누군가가 나를 걱정한다는 사실을 떠올리기만 해도 마음의 위안을 얻을 수 있다.

'그렇게 계속 울어봤자 아무것도 달라지지 않는다'거나 '이제 그만 정신을 차릴 때도 됐다'는 등의 말로 빨리 회복하고 일어서기를 바라는 마음을 앞세워 당사자에게 스트레스를 주는 것은 바람직하지 않다. 머리로는 알고 있지만 마음이 따라가지 못해서 괴로워하는 사람도 적지 않기 때문이다. 남편과 사별한 지 6개월이 지났다는 어느 70대 여성은 '똑바로 정신 차리고 살아야 한다는 것도 알고 있고, 힘을 내야 한다고 스스로를 다잡아보지만, 그게 마음대로 되지 않아요' 하고 힘없이 말했다. 주변 사람들이 생각하는 것보다 훨씬 충격이 컸던 것이다. 쉽게 던지는 격려는 당사자를 초조하게 만들고 자기혐오에 빠지게 만들 위험도 있다.

중대한 상실을 체험한 지 얼마 지나지 않았을 때, 모른 척 내버려두라는 사람도 있다. 연락을 해봐도 거부하고 차가운 태도를 보이는 사람도 있다. 그럴 때는 너무 조급해하지 말고 잠시 거리를 두면서 따스한 눈길로 지켜보는 것도 방법이다. '무슨 일이 있으면 연락해'라고 진심 어린 한마디를 건넨 후 기다리는 것이다.

말없이 그 사람이 하는 이야기에 귀를 기울여주는 것도 좋은 방법이다. 자기가 겪은 일을 남에게 말하면 다소 마음이 가벼워지기도 한다. 다만 그 사람이 말하고 싶지 않다면 무리하게 당시의 상황이나 기분에 대해 물어보지 말아야 한다. 이야기를 들어줄 때의 포인트인데, 듣고 있기 불편한 이야기라도 도중에 말을 끊거나 화제를 바꾸는 일이 없도록 주의해야 한다. 그리고 사실을 확인하거나 분석할 게 아니라 그 사람이 지금 무슨 생각을 하고 어떻게 느끼는지 있는 그대로 받아들이는 것이 중요하다.

남겨진 삶을 어떻게 살아야 하는가?

상실 후의
나날들

모든 것이 끝났다고 느낀 후에도
그 후가 존재한다

인생은 소설 같다고들 한다. 소설에는 상실이라는 사건이 등장하는데, 그때마다 스토리가 바뀌면서 앞으로의 이야기가 전개된다. 생각지 못했던 중대한 상실, 예를 들면 스토리를 견인하던 주요 등장인물이 갑자기 사망하면 이야기는 파격적으로 무너지고 전체 스토리가 다시 구성된다.

어떤 사람은 상실을 겪고 인생이 이제 끝났다고 느낀다. 그러나 눈에 보이는 경치가 달라졌다고 한들, 자신의 죽음을 맞이할 때까지 인생이라는 소설은 결코 끝나지 않는다.

일본의 시인 다니가와 슌타로谷川俊太郎의 시 〈그 후そのあと〉를 소개한다.

그 후가 있다

소중한 사람을 잃은 후

이제 미래는 없다고 느낀 후

모든 것이 끝났다고 깨달은 후에도

끝나지 않는 그 후가 있다

그 후는 한 줄기가 되어

안개 속에 숨어 있다

그 후는 한없이

파랗게 펼쳐져 있다

그 후가 있다

세계에 그리고

한 사람 한 사람의 마음속에

　상실 후의 미래는 아직 백지 상태인지도 모르지만, 목숨이 남아 있는 한 인생이라는 소설의 서사는 끊임없이 이어진다. 중대한 상실에 직면하고 나서 얼마 동안 그 후의 일까지 생각할 여유가 없을 테고 생각하는 것 자체가 고통일 수도 있다. 시간이 멈춰버린 것처럼 느껴질 때도 있을 것이다. 인생의 결말이 어떻게 될지는 아무도 모르지만, 상실을 체험한 후의 서사나 전개 방식은 소설의 주인공인 우리가 각자 생각할 수밖에 없다.

중대한 상실을 체험한 후 살아가는 여정에서 풀어야 하는 과제는 크게 두 가지다. 하나는 '상실이라는 현실을 어떻게 받아들일 것인가'인데, 이는 꽤 어려운 문제다. 나머지 하나는 '상실의 결과로 발생하는 생활상의 문제와 더불어 앞으로 펼쳐질 인생과 어떻게 마주할 것인가'이다. 사별의 체험 후, 소중한 사람의 죽음을 받아들이는 일 말고도 집안일이나 생활비 조달처럼 고인이 담당했던 역할을 받아들인다든가, 취직이나 이직을 고려하는 등 고인 없이 살아가야 하는 앞으로의 삶에 대해 대책을 세워야 한다.

네덜란드의 유트레히트대학교Utrecht University의 마가렛 S. 스트뢰베Margaret S. Stroebe 교수가 제창한 '이중 과정 모델'에서는 상실에 대한 대응 방식을 두 가지로 구분하는데, 상실 그 자체를 다루는 대응은 '상실 지향 대응', 상실에 따른 일상생활의 변화 및 새로운 삶에 대한 대응은 '회복 지향 대응'이라고 한다. 이중 과정 모델은 사별에 관한 이론으로 소개되는 경우가 많은데, 사별뿐 아니라 상실 전반에 대해서도 이 모델을 적용할 수 있다.

이러한 두 가지 방면에서의 대응은 동시에 일어나는 동적 과정이다. 즉, 한편으로는 상실이라는 현실과 마주하고, 다른 한편으로는 생활상에서 생기는 문제에 대처하는, 양쪽을 오가는 동적인 대처 과정으로 받아들여진다. 둘 중 하나의 과제만이 아니라 두 가지 과제에 대해 동시에 대처하지 않으면 안 된다. 상실이라는 현실을 받아들인 다음에야 또 하나의 인생 스토리가 펼쳐지는 것이 아니라 아직 현실을 완전히 받아들이지 못했어도 우리의 삶은 계속해서 흘러가고 있으므로 새로운 삶의 스토리도 이미 진행 중이다.

일반적으로는 시간의 흐름과 함께 상실 지향 대응으로부터 회복 지향 대응으로 대응 방식의 중심축이 옮겨 간다. 처음에는 잃어버린 대상에 관련된 것만 생각하던 것이 조금씩 눈앞에 닥친 현재의 생활이나 앞으로의 삶에도 생각이 미친다. 그러기까지 걸리는 시간은 상실의 종류나 개인의 특성 등에 따라 다르겠지만, 시간이 흘러가면서 앞으로 살아가야 할 인생을 조금씩 그려볼 수 있게 될 것이다.

구약성경 전도서 3장 1절에는 '무엇이나 다 정한 때가 있다. 하늘 아래서 벌어지는 무슨 일이나 다 때가 있다'라는 구절이 있다. 인생이라는 소설에서 예기치 못했던 중대한 상실과 직면하게 된 지금은 슬픔에 빠지는 장면이라 하더라도 그 소설에서도 조만간 새로운 장면이 펼쳐질 것이다.

누구에게나
회복 탄력성이 있다

언제, 어디서, 어떤 식으로 소중한 것을 잃게 될지는 아무도 알수 없다. 죽음이 사랑하는 사람을 앗아갔을 때, 죽음이라는 절대적인 힘 앞에서 인간은 그저 무력할 뿐이다. 이처럼 예기치 못한 상실이 찾아왔을 때 인간은 심한 무력감을 느낀다.

사회심리학자 미야다 가쿠코宮田加久子 교수가 지적했듯이, 원래 인간은 주어진 상황과 사건을 자신의 힘으로 제어하는 1차적 컨트롤만 생각하는 경향이 있다. 그러나 자신의 힘이 미치지 못하는 현실과 마주하면 1차적 컨트롤은 실패로 끝나고 이로 인해 무기력한 상태가 될 가능성이 있다. 이때, 상황이나 사건에 자신의 생각이나 행동을 맞추는 2차적 컨트롤이 필요하다. 1차적 컨트롤은 불가능해도 2차적 컨트롤은 가능하다.

상실이라는 심각한 사태에 대해서도, 주체적으로 맞서서 자기 나름대로 대처하려 시도할 수는 있다. 시간의 흐름에 몸을 맡기는 것만이 할 일은 아니다. 상실이라는 현실을 바꿀 힘은 없어도 각자가 처한 상황에서 스스로의 의지에 따라 현실과 마주하고 앞으로의 인생을 주체적으로 살아갈 수는 있다. 인간은 결코 무력한 존재가 아니다.

인간에게는 '회복 탄력성'이라는 심리적 무기가 있다. 회복 탄력성은 원래 '탄력'이나 '반발력'을 의미하는 물리학 용어 '레질리언스resilience'에서 온 말로, 심리학에서는 '회복력'이나 '복원력'이라고 번역되기도 한다. 거센 바람에도 쉽게 부러지지 않는 버드나무나 아무리 넘어뜨려도 계속해서 다시 일어나는 오뚝이처럼, 크나큰 상실을 경험했더라도 일상의 삶과 인생을 복원할 수 있다. 인생의 위기나 역경에 적응할 수 있는 잠재력은 누구에게나 있기 때문이다.

회복 탄력성을 구성하는 요소 중 하나로 '미래 지향성'이 있다. 중대한 상실을 마주할 때 필요한 것은 이제 곧 바람직한 방향으로 일이 잘 풀릴 거라는 신념이다. 그리고 자신에 대해 잘 파악하고 노력을 기울여서 미래를 개척하는 자세도 필요하다. 자칫 잘못하면 '어차피 난 뭘 해도 안 될 텐데'라는 식의 무력감에 빠지기 쉽다. 그럴 땐 자신이 현재 할 수 있는 일을 찾아보고 그 일들을 하나씩 늘려가다 보면 자기 긍정감이나 삶에 대한 희망이 생겨날 것이다.

1년 6개월 전에 아내와 사별하고 외동아들도 독립시켜서 이제는 혼자 살고 있다는 어느 70대 남성은 '지나간 일만 계속 생각하다 보면 정신적으로 무너지게 된다. 아무튼 오늘 하루도 열심히 살았구나, 오늘도 좋은 하루였다, 이렇게 스스로 행복을 느낄수 있도록 노력하면서 살아왔다'고 말했다. 현재는 자원봉사 활동을 하거나 취미로 그림을 그리면서 지낸다고 한다. 그가 남긴이 말이 인상적이었다.

어떻게든 최선을 다해서 끝까지 살아볼 생각입니다. 아직 그렇게 늙은 나이는 아니니까요.

물론 너무나도 가혹한 현실 앞에서 내 마음대로 몸이 움직이지 않는 경우도 있다. 사랑하는 사람을 잃은 유족의 심리 과정을 나타내는 용어로 '그리프 워크Grief Work'라는 말이 있다. '장례 작업'이나 '애도 작업'이라고도 번역되는데, 이 개념에 대해서는 좀더 논의할 여지가 있으나 작업이나 일을 의미하는 '워크'라는 단어는 다뤄볼 만하다. 사별뿐 아니라 소중한 무엇인가를 잃는다는 상실 체험은 육체노동과 마찬가지로 정신적 에너지를 대량으로 소비하는 인생의 대사건이다. 이를 제대로 처리하기 위해서는 주변 사람들의 도움도 필요하고 시간도 필요하지만, 결국 개개인이 상실에 맞서는 힘, 즉 회복 탄력성을 일으켜서 앞을 향해 나아가려는 자세가 필요하다.

슬픔을 견디고 일어서기보다
상실에 적응하며 살아간다

소중한 무언가를 잃은 후에는 '다시 일어서기'가 중요하다고들 한다. 아마 주변 사람들도 다시 일어서야 한다고 말할 것이다. 그런데 다시 일어서기란 도대체 무엇을 뜻할까?

다시 일어서기를 의미하는 일본어 단어 '立ち直る'를 《일본국어대사전 제2판》에서 찾아보면 '①쓰러졌거나 쓰러질 것 같은 상태에 있던 것이 원래대로 바로 서는 것, ②나쁜 상태가 된 사태가 원래의 좋은 상태가 되는 것'이라고 설명되어 있다. 예를 들어 실연의 충격으로부터 다시 일어서기를 한다고 하면 실연 때문에 낙담하고 침울해진 상태에서 벗어나 평소의 정신 상태로 돌아가는 것이다. 하지만 실제로는 시간이 거꾸로 흘러서 소중한 것을 잃은 사건 그 자체를 없었던 것처럼 만들고 상실 이전과 같은 상태로 돌아가는 것은 불가능하다.

사별을 겪은 경우에는 고인이 다시 살아 돌아오지 않는 한, 사별 이전과 완전히 똑같은 상태로 되돌아갈 수는 없다. 유족의 입장에서는 아무리 세월이 흐른들 고인의 얼굴, 고인과의 추억이 완전히 잊히지도 않는다. 슬픔에 잠기는 시간이야 점차 줄어들겠지만 일상생활의 사소한 계기로 고인을 다시 떠올리면 금세 눈물이 차오른다.

게다가 사랑하는 사람의 죽음은 주위 상황도 달라지게 만들고 유족 자신도 변화시킨다. 실연은 상대방과 다시 시작할 가능성은 남아 있는 셈인데, 그렇게 다시 인연을 이어간다고 해도 실연이라는 사건이 있었다는 사실이 사라지지는 않는다. 우리는 중대한 상실에 의해 어떤 형태로든 영향을 받으므로, 상실 체험 이전의 자신으로 완전히 되돌아가는 일은 불가능하다.

다시 일어서기라는 말을 들으면 마치 감기가 나은 후에 원래의 건강 상태를 회복하는 것이라는 인상도 느껴지지만, 아무 일도 없었던 것처럼 상실 체험을 깨끗이 없앨 수는 없다. 상실을 극복하고 이전의 상태로 돌아가는 대신, 소중한 무언가를 잃어버린 상황에서 살아내는 것은 가능하다. 다시 말해 상실로부터 다시 일어서거나 상실로부터 회복하는 것이 아니라 상실에 '적응'하는 자세가 필요하다.

'적응'이라는 사고방식은 원래 생물학적인 개념으로, 생물이 생활 환경에 맞추어 생존하기에 적합한 형태나 습성으로 변화하는 과정이다. 심리학에서는 환경이 요구하는 바와 개인의 욕구가 동시에 충족되어 환경과 개인이 조화를 이룬 관계가 유지되는 상태를 가리키며, 학교 및 직장 생활에 대한 적응, 해외 이주 후의 생활 적응 등과 같은 표현에서 사용된다.

상실에 적응하는 것을 여행에 비유하면, 상실 전과 후의 목적지가 달라진 것이라고 볼 수 있다. 모두가 각자 서로 다른 풍경을 보며 걸어가는, 결코 평탄하지만은 않은 여행길에서 자신만의 속도에 맞추어 계속 나아가 처음과는 다른 새로운 목적지에 도착하는 여행인 것이다.

상실에 적응하기 위해서는 잃었다는 사실을 받아들이고 자신의 감정과 현재 직면한 현실의 고난과 타협해야 한다. 중요한 것은 '지워지지 않는 감정의 흔적을 어떻게 깨끗이 제거할 것인가'가 아니라 '그 감정을 그대로 떠안고 각자 나름대로의 방법으로 어떻게 살아낼 것인가'이다.

상실에 적응하는 것을 당사자만의 문제로 축소해서는 안 된다. 당사자를 둘러싼 사람이나 주위 환경에 따라 적응 속도는 더 빨

라질 수도 있고 느려질 수도 있다. 예를 들어서 후천성 장애를 입은 경우에 제대로 갖춰져 있지 않은 장애인용 시설이나 제도, 사회적 관습이나 편견처럼 예상하지 못했던 사회적 장벽에 부딪혀 생활의 불편을 느끼는 사례도 있다. 상실과 함께 살아가는 사람의 입장을 좀 더 배려하는 사회 분위기가 필요하다.

중요한 것은
'지워지지 않는 감정의 흔적을 어떻게
깨끗이 제거할 것인가'가 아니라,
'그 감정을 그대로 떠안고
각자 나름대로의 방법으로
어떻게 살아낼 것인가'이다.

납득되지 않는다면
그냥 받아들여도 된다

소중한 무언가를 상실했을 때, 도대체 왜 이런 일이 생겼는지 사건의 이유나 의미를 묻곤 한다. 자기 나름대로 근거까지 찾아가며 생각하고, 어떤 종류든 의미가 있는 것으로 만들어서 받아들이려 한다. 운명이려니 하고 단념할 수밖에 없다고 말하는 사람도 있고 신앙심이 깊어 신의 의지에 따라 그런 사건이 일어났다고 말하는 사람도 있다.

하지만 그런 식의 운명론이나 결정론을 떠올리며 이해하려고 해봐도, 상실이라는 현실을 도저히 받아들일 수 없는 경우도 있다. 예를 들어 자녀를 먼저 하늘나라로 보냈거나 예기치 못한 갑작스러운 사별, 질병이나 사고로 인한 후천적 장애, 재난으로 살던 주택이나 재산을 하루아침에 잃어버린 경우 등 많은 이들에게 상실은 매우 비합리적인 사건이며 평생을 두고 곱씹어봐도 납득할 만한 해답을 찾지 못할 수 있다. 또한 상실의 직접적인 원인을 머리로는 이해했다고 해도 마음으로는 받아들일 수 없을 때도 있다. '왜 하필이면 나에게 이런 일이?'라는 질문에 납득할 만한 답을 찾는 것은 그리 쉬운 일이 아니다. 경우에 따라 원래부터 만족할 만한 답이 존재하지 않을 수도 있다.

재난으로 인한 사별이 유족에게 미치는 장기적인 영향을 찾기 위해, 필자는 아사히신문사와 공동으로 설문 조사를 실시한 적이 있다. 1995년에 발생한 고베 대지진으로 희생된 6,434명 중에 지진이 사망의 직접적인 원인으로 작용한 5,454명의 유족을 대상으로 한 조사였다. 아사히신문사가 지진이 발생했을 당시의 경찰 발표 등을 근거로 작성한 명부에 따라 지진 발생 후 20년을 앞둔 시점인 2014년 9월에 그 당시의 주소로 설문지를 보냈다. 모두 1,019명의 주소로 설문지를 발송했는데, 그중 희생자 112명의 유족인 127명이 답장을 보내왔다.

설문지에는 당시의 피해 상황이나 재난이 심신에 미친 영향, 주위로부터 받은 지원, 심리적 회복도 등에 대한 설문이 있었는데, 죽음의 의미 탐구와 관련하여 다음과 같은 두 개의 질문이 포함되어 있었다.

- 가족분이 왜 사망했는지 납득하고 있습니까?
- 가족분이 왜 사망했는지 납득하려고 애쓴 적이 있습니까?

결과를 보면 이 질문에 응답한 127명 중에서 '납득하고 있다'고 답한 사람은 48명으로, 나머지 69명은 가족의 죽음에 대해 납득하지 못한 상태임을 알 수 있었다. 재난처럼 갑작스러운 사건으로 가족을 잃은 유족의 입장에서는 20년이라는 시간이 흘렀어도 죽음의 불합리성을 받아들이기 힘들다.

불합리한 상실과 맞닥뜨렸을 때 그 상실의 의미를 찾게 해주는, 납득할 만한 답을 발견하면 다행이다. 그러나 그게 어렵다면 그 답을 계속 찾아 헤매거나, 어느 시점 이후로는 답 찾기를 보류하는 등 대처 방법은 사람마다 다르다.

조사 결과, 납득하지 못했다고 대답한 69명 중에서 '아직 납득하지 못했고 여전히 납득하기 위해 노력하는 중이다'라고 답한 26명과는 대조적으로, 43명의 유족은 '납득할 수는 없지만 이제는 납득하려고 굳이 애쓰지 않는다'고 답했다.

고인의 죽음에 대해 납득할 만한 답을 계속 찾는 것은 유족으로서는 앞이 보이지 않는 기나긴 터널을 헤매는 것과 다를 바 없다. 그 과정에서 굳이 답을 찾지 않겠다고 선택하는 사람도 있는 것이다. 이는 개인이 선택한 삶의 방식이며, 결코 어느 쪽이 옳다고 판단할 수 없다.

이 조사에서는 미리 동의를 얻어 일부 유족에게 인터뷰를 실시했다. 그중 어느 여성은 지진이 발생했을 때 대학생이었는데, 그 후 진로를 바꾸어서 현재 간호사로 일하고 있다고 했다. 그녀는 어머니를 잃은 경험에 대해 다음과 같이 말했다.

죽음에 대해 납득하려고 해도 도저히 납득할 수 없었어요. 그러다가 죽음이란 강물의 흐름처럼 막을 수 없다는 생각이 들었지요. 죽음은 납득하는 것이 아니라 그저 받아들이는 수밖에 없는 거였어요…. 만약 지진이 일어나지 않았다면 이런 인생을 선택하지 않았을 거예요. 하지만 잘한 선택이었다고 생각해요.

우리는 어떤 일에 대해 하나의 정답이나 해결책을 찾으려는 경향이 있다. 하지만 상실의 의미를 해석하거나 상실과 마주하는 방식에 정답은 존재하지 않는다. 우리는 각자 스스로에게만 보이는 답을 갖고 있으며, 시간과 함께 변하는 것도 있고 변하지 않는 것도 있다. 중대한 상실을 경험한 사람들 각자가 선택한 현재의 심정이나 삶의 방식을 존중하는 태도가 중요하다.

상실과 마주하는 방식에
정답은 존재하지 않는다.
우리는 각자 스스로에게만
보이는 답을 갖고 있으며,
시간과 함께 변하는 것도 있고
변하지 않는 것도 있다.

어두운 밤이 있기에
아침이 눈부시다

중대한 상실은 스스로의 가치관이나 삶의 방식을 다시 돌아보는 계기가 되기도 한다. 목숨이 위험한 질병이나 부상을 경험한 후 살아 있다는 사실에 새삼스럽게 고마움을 느끼고 하루하루를 소중하게 여기며 살아가겠다고 결심하거나, 더욱 건강에 신경을 쓰게 되었다는 사람이 많다. 사람에 따라서는 지금까지의 생활을 돌아보면서 가족과의 시간을 더 소중히 하고 싶다거나 정말 하고 싶은 일이 무엇인지 알았다면서 각자의 인생에서 중요한 것이 무엇인지 그 우선순위를 다시 검토하기도 한다. 이처럼 상실 체험을 통해 살아가는 데 있어 소중한 것이 무엇인지 교훈을 얻을 수 있다.

또한 상실 체험을 계기로 지금까지와는 다른 분야에 관심이 생기거나 새로운 일에 도전하는 등 인생에서 새로운 방향성을 찾아내는 사람도 있다. 상실이라는 경험이 없었다면 그 사실을 알지도 못했고, 그 사람들을 만나지 못했을 수도 있다. 중대한 상실은 좋은 의미로든 나쁜 의미로든 인생에 큰 변화를 가져오며 우리를 인생의 기로에 서게 만든다. 새로운 관심사나 활동이 항상 좋은 쪽으로 전개되는 것만은 아니며, 상실 체험은 새로운 무언가에 도전하도록 동기를 부여하는 또 다른 기회로 받아들여지기도 한다.

시인이자 화가인 호시노 도미히로星野富弘는 중학교 교사로 부임한 지 얼마 지나지 않았을 때 불의의 사고로 손발의 자유를 잃고 9년 동안 입원 생활을 했다. 입원 기간 중에 붓을 입에 물고 그리기 시작한 그의 작품은 많은 이들에게 감동을 주었다. 그가 태어나고 자란 군마현에는 '도미히로 미술관'이 세워졌다. 호시노는 퇴원한 후 병원을 떠나 고향 집으로 가는 도중의 심경을 자신의 저서에서 다음과 같이 밝히고 있다.

소년이었을 때, 산을 향해 품었던 꿈처럼 화려한 것은 무엇 하나 이루지 못한 빈손이기는 하지만… 그래도 당당하게 돌아가자.
분명히 형태가 있는 것은 단 하나도 소유하지 못했다. 하지만 눈에 보이는 것들을 뒷받침하는, 보이지 않는 가장 소중한 것을 수 없이 많이 기나긴 고통과 절망의 끝에서 얻을 수 있었고, 그것들이 지금 마음속에서 숨 쉬고 있는 것 같은 기분이 든다.

(중략)

고향을 떠나고 나서야 고향이 눈에 들어오고, 잃은 후에야 비로소 그 가치를 깨닫는다.

고통으로 인해 고통에서 벗어날 수 있었고, 슬픔에서 벗어나려고 몸부림치다 보니 기쁨이 찾아왔다. 삶이란 참 흥미롭다. 꽤 괜찮은데, 하는 생각이 든다.

내 인생은 이제 시작이다. 두 팔을 벌리고 나를 기다리고 있는 저 산기슭에서, 지금부터 나만 쓸 수 있는 글을 써내려가보자.

호시노는 이 책의 맺음말에서 '어두운 밤이 있기 때문에 아침은 눈부시다'라고 썼다. 잃어버리고 나서야 비로소 보이는 것들, 상실 후에야 깨닫게 된 것이 상실 후의 삶을 풍요롭게 만드는 양식이 되어 새로운 삶으로 안내하는 것일지도 모르겠다.

정말 중요한 것은 우리가 삶으로부터 무엇을 기대하는가가 아니라 삶이 우리로부터 무엇을 기대하는가 하는 것이라는 사실을.

(중략)

요컨대 우리가 인생의 의미를 묻는 것이 아니라, 인생으로부터 질문을 받는 입장에서 시험대에 올라 있는 것이다.

이 유명한 문장은 오스트리아의 정신과 의사 빅터 E. 프랭클 Viktor Emil Frankl 이 아우슈비츠 강제수용소에서 실제로 겪은 잔혹한 체험을 바탕으로 쓴 작품《죽음의 수용소에서》에 나오는 글이다.

중대한 상실에 대해 그 상실의 크기에만 집착한 나머지 '앞으로의 인생에는 아무 기대도 없다'며 절망의 늪에 빠지는 사람도 있을 것이다. 그러나 프랭클은 당신을 필요로 하는 무엇인가, 혹은 누군가가 당신을 기다리고 있다는 인생의 질문에 대해 대답하지 않으면 안 된다고 말한다.

상실 후의 인생을 어떻게 살아갈 것인가? 이 질문에는 준비된 정답이 없다. 어떤 삶을 선택해서 살아갈 것인가? 우리 모두 각자 이 질문을 받아 들고 제각기 답을 찾으면서 살아가야 한다.

금방 달성할 수 있는
작은 목표를 찾는다

중대한 상실에 직면하면 미래에 대한 꿈이나 살아갈 희망조차도 빼앗긴다. 목숨이 있는 한 희망은 있다고 하지만 절망의 나락에 떨어진 사람으로서는 공감하기 어려울 수 있다. 흔히 하는 말로 희망이 없으면 사람은 살아갈 수 없다는데, 꼭 그런 것만은 아니다. 희망을 잃은 채 오랫동안 실의에 빠져서 하루하루를 살아가는 사람도 있을 것이다.

10년 넘게 아내를 간병하면서 살아온 어느 60대 남성은 아내가 세상을 떠난 후에 '나를 위한 시간을 어떻게 보내야 하는지 도무지 알 수 없다. 앞으로는 무엇을 위해 살아야 할지도 모르겠다'라며 속내를 털어놓았다. 아내가 사망한 후 얼마간은 삶의 희망을 느끼지 못하고 아무것도 하고 싶지 않았으며 언제 자살을

해도 이상하지 않을 정도로 우울감이 깊었다고 한다. 사별한 후
1년 반이 지난 지금은 교회에 가서 예배를 드리거나 컴퓨터를 배
우러 다니는 등 외부 활동도 하고 있지만, 여전히 하루하루가 공
허하게 느껴진다고 말한다.

확실히 희망을 갖는다는 것은 그 자체만으로도 어렵고, 그만큼
의 시간이 필요한 일이다. 그렇지만 희망은 살아가는 힘을 준다.
희망은 삶에 대해 긍정적인 자세를 갖는 것이며, 용기를 내서 스
스로 인생을 살아가게 해주는 원동력이라고 할 수 있다.

NHK 방송에서는 동일본 대지진으로 사망하거나 행방불명이
된 사람들의 사진과 가족들의 편지를 모아 '마음 포토こころフォト'라
는 홈페이지 및 TV 방송 프로그램을 통해 소개했다. 조부모까지
3세대 여섯 명의 가족이 한 지붕 아래에서 살고 있었다는 지바
유키千葉雄貴는 후쿠시마 동일본 대지진으로 엄마, 남동생, 할머니
와 할아버지까지 네 명의 가족을 한꺼번에 잃고 아버지와 단둘
이 살았다. 지진 발생 후 3년이 지날 무렵, 당시 만 14세였던 그
녀는 마음 포토에 다음과 같은 글을 투고했다.

그날, 내 주변에 있던 소중한 가족이 네 명이나 세상을 뜨고 말
았다. 잃어버리고 나서야 비로소 깨닫게 된 행복.

(중략)

이 슬픔을 어디에 발산해야 할지 알 수 없었다.

하지만 그런 상황에서도 희망은 있다. 나에게는 아직 아빠가 있다. 지금 지진 발생 후에 가장 행복하다고 느끼는 점은 아빠와 함께 있다는 것이다. 즐거울 때도, 그리고 화를 내고 있을 때조차도 행복을 느꼈다.

(중략)

벌써 3년이 지났다고 하는데, 그 끔찍했던 날 이후 시간이 멈춰 버린 것만 같다. 하지만 지금 내게는 아빠와 함께 있다는 행복이 있다. 이 행복과 함께 앞을 향해 걸어가겠다고 마음먹었다.

이 글을 쓸 무렵의 지바는 여전히 큰 슬픔을 느꼈다. 그런 상황에서도 희망이나 행복을 느낀다고 고백한 이 메시지는 현실을 받아들이고 자신의 힘으로 미래를 개척하겠다는 그녀의 각오를 엿보게 한다. 잃어버리고 만, 소중한 무엇인가를 다시 되돌릴 수 없는 경우에도 주어진 상황에서 희망을 찾아낼 수 있다.

앞으로의 인생을 살아가기 위해서라도 희망뿐 아니라 삶의 목표를 찾는 일은 매우 중요하다. 정신과 의사이자 수필가였던 가미야 미에코神谷美恵子는《삶의 보람에 대해서いきがいについて》에서 '자

신의 슬픔 또는 슬퍼하는 자신에게 신경을 쓰는 동안에는 슬픔에서 벗어날 수 없다'고 지적한다. 나아가 슬픔은 사라지지 않는다고 해도 슬픔을 의식 세계의 중심에서 서서히 바깥쪽으로 내몰기 위해서는 '인생 전체를 바칠 정도로 거창한 목표가 아니라도 구체적인, 단기간의 목표가 필요하다'고도 말한다.

우선 금방 달성할 수 있을 것 같은 작은 목표를 세우는 일부터 시작하는 것은 어떨까? 무리하지 않는 범위 내에서 뭔가 새로운 일에 도전한다거나, 작은 목표나 과제에 몰두하면서 하나씩 달성하는 과정에서 자신의 힘으로 일어나 인생 여정을 다시금 걸어갈 자신감을 찾을 수 있다.

툭 터놓고 울 수 있는
모임을 찾는다

때로는 중대한 상실을 체험한 사람끼리 각자의 체험이나 기분을 이야기하고 나누면서 나만 이런 슬픔을 안고 사는 게 아니라는 사실을 실감하기도 한다. '기쁨은 나누면 두 배가 되고 슬픔은 나누면 절반이 된다'는 속담이 있는데, 서로의 체험을 나눔으로써 슬픔뿐 아니라 상실에서 비롯된 갖가지 복잡한 감정이 사라지고 답답했던 기분이 조금은 가벼워진다.

이러한 기회를 제공하는 장으로서 '셀프 헬프 그룹Self-Help Group'이라는 활동이 있다. 각자 떠안고 있는 문제를 참석자끼리 서로 도와가면서 스스로 해결하거나 수용하기 위한 모임이다. 질병이나 장애가 있는 사람들, 알코올 의존증이나 약물 중독과 같은 나쁜 습관이 있는 사람들, 범죄나 학대와 같은 사건의 피해자, 등교 거부나 은둔형 외톨이 등 다양한 사람들의 모임이 있으며 당사자 본인뿐 아니라 그 가족을 위한 모임도 있다. 사별 체험자의 셀프 헬프 그룹 활동은 1960년대에 영국과 미국에서 시작되었는데, 일본에서 본격화되기 시작한 것은 1990년 전후라고 한다.

이곳에서는 모임에서 나눈 이야기는 외부에 발설하지 않고, 상대방이 원하지 않는 조언은 하지 않는다는 기본 규칙이 있다. 진행을 담당하는 사람(퍼실리테이터facilitater)이 그날의 대화를 이끌어간다. 평소에는 말하기 힘든 이야기도 마음 편히 말할 수 있도록 하는 데 중점을 두기 때문에 '이 모임에 와서 비로소 마음을 터놓고 울 수 있었다'는 사람도 많다.

홈페이지를 운영하는 셀프 헬프 그룹도 많으니, 혹시라도 비슷한 체험을 한 사람들의 이야기를 듣고 싶다거나, 누군가 내 이야기를 들어줬으면 좋겠다고 생각하는 사람이 있다면 스스로 찾아보자. 또는 각 지방자치단체의 정신보건복지센터나 보건소 등에 문의하는 방법도 있다.

1999년에 설립된 셀프 헬프 그룹인 '작은 생명小さないのち'은 자녀와 사별한 부모와 가족의 모임으로 앞으로 살아갈 인생에서 의미를 찾아내는 것이 목적이다. 대표를 맡고 있는 사카시타 유코坂下裕子는 활동의 일환으로, 참석자들과 함께 사별로 인한 비탄을

그림으로 그리는 작업을 시도하고 있다. 각자의 경험은 천차만 별이지만 참석자들끼리 '맞아, 맞아', '나도 그랬어요'라면서 서로 공감하는 부분도 많고, 그림으로 표현하는 방법이 체험 공유에 더 효과적이라고 생각하기 때문이다.

필자가 맡고 있는 대학 수업에서도 해마다 사카시타를 강사로 초청하고 있다. 강연에서 사카시타는 급성뇌증으로 생후 1년 만에 아이를 잃었던 본인의 체험과 함께 모임 참석자들이 그린 비탄 그림을 설명했다. 사카시타의 해설을 덧붙여 그중 몇 가지를 소개하려 한다(실제 그림을 바탕으로 다시 그린 그림).

그림 1 슬픔은 희석되어 사라지지 않는다

사별 후의 심경을 물이 담긴 컵에 비유한 그림이다. 왼쪽 그림 은 탁한 물(깊은 비탄)로 가득 채워져 있다. 가운데 컵은 시간이 흐르면서 비탄은 가라앉고 맑은 물로 변한 모습이다. 이때 자신이 회복되었음을 느낀다. 그런데 어떤 계기로 인해 컵이 흔들리면 순식간에 다시 탁한 물로 돌아가는 모습을 오른쪽 컵으로 표현하고 있다. 이 그림을 그린 유족은 '슬픔은 바닥에 가라앉아 있을 뿐, 결코 희석되어 사라지는 일은 없다'고 말했다.

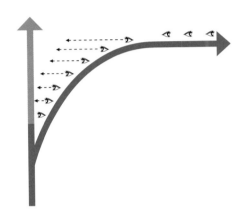

그림 2 '잃어버린 길'을 계속 바라보았다

함께 걸어갈 것이라고 예정되어 있던 길은 자녀의 죽음과 함께 끊어졌고, 오른쪽으로 크게 굽어 생겨난 또 다른 길을 걷고 있다. 하지만 사별 후 세상에 남겨진 부모는 지금 걷고 있는 길에는 시선을 주지 않고 예정되어 있던 길만 계속 바라본다. '살아 있었다면 지금쯤 사회인이 되어 있었을 텐데…'라고 끊임없이 생각한다. 하지만 한 해, 두 해, 시간이 흘러가면서 점점 그 생각이 줄어들고 '아이가 살아 있었다면'이라는 말을 입에 올리는 일도 줄어든다. 이 그림을 그린 유족은 실제로 걸어갔어야 하는 길은 왼쪽 길이라고 생각하면서 그 길만 바라보며 살았던 그 시기가 자식의 죽음을 받아들인 때였는지도 모른다고 이야기했다.

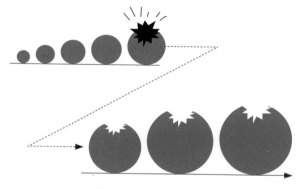

그림 3 상처가 차지하는 비율이 달라진다

자식을 먼저 하늘나라로 보낸 아버지가 자기 자신을 공에 비유해서 그린 그림이다. 왼쪽은 결혼 전의 자신을 공의 크기로 나타냈는데, 결혼 후에는 공의 크기가 두 배로 커지고 아이가 태어난 후에는 또 한 번 커진다. 그 후 둘째가 태어나자 또다시 커졌다. 그런데 그 아이가 사망한 순간 마음에 큰 상처를 입고 몸의 절반을 도려낸 것 같은 고통을 느꼈다. 몇 년 후 마음의 상처에 생긴 염증은 가라앉았지만, 몸의 절반을 앗아간 부분의 상처는 아물지 않은 상태였다. 그러나 몸이 절반이나 잘려나간 상태로는 살아갈 수 없기 때문에 일에 몰두하거나 보람을 느낄 수 있는 일을 찾아보고 누군가에게 도움을 주는 등 여러 가지 방법으로 몸을 키우기 위한 노력이 필요했다고 한다. 이 그림을 그린 유족은 이렇게 노력해서 몸을 키워나가면 전체에서 상처의 크기가 차지하는 비율이 줄어들기 때문에 살아가는 게 조금은 수월해진다고 말했다.

사카시타의 말에 따르면, 그들이 그리는 그림은 제각기 다르며 같은 사람이 그리는 그림도 달라지곤 한다. 즉, 당사자들의 심정은 비슷하지 않으며 같은 사람의 마음도 변한다는 사실을 알 수 있다. 이렇게 스스로 상실 체험을 그림으로 표현하거나 그림을 통해 서로 체험을 공유하는 작업을 통해 자신의 내면과 마주하고 마음을 정리할 수 있는 기회를 얻을 수 있다.

상실 체험으로
다음 세대에 기여한다

영어로 '생성하다'라는 뜻의 'generate'와 '세대'라는 'genera-tion'을 합쳐서 만든 단어 'generativity'라는 용어는 에릭 H. 에릭 슨이 만든 것으로 '세대 계승성', '생성 계승성', '생식성' 등으로 번역된다. 에릭슨의 심리사회적 발달 이론에 따르면 세대 계승성이란 자신만을 위해 사는 것이 아니라 자신의 경험을 살려서 다음 세대를 육성한다는 의미인데, 이는 특히 중년기 이후의 주요 과제로 인식된다.

중대한 상실을 체험하고 고난의 길을 걸어온 사람은 자신의 상실 체험을 바탕으로 다음 세대에 기여할 수 있다. 전쟁이나 재난을 체험한 사람, 암 환자와 그 가족 등 다양한 입장에 처한 사람들이 모인 스피치 모임은 경험으로부터 얻은 교훈이나 지혜를 다음 세대에 전해주는 대표적인 예다. 또 직접 겪은 상실 체험을 통해 사회의 구조적 결함을 생생하게 느끼고 법률이나 제도의 개정 같은 사회 운동에 적극적으로 참여하는 사람도 있다. 중대한 상실을 겪고 고통스러워하는 사람들, 특히 자신과 비슷한 입장에 처한 사람에게 공감하고 사회적인 문제의식을 강하게 느끼고 그런 사람들을 지원하는 활동에 뛰어드는 사람도 적지 않다. 이러한 사회적 활동은 타인을 위한 것이기도 하지만, 누군가가 나를 필요로 한다고 느낄 수 있으므로 자기 긍정감을 높이는 데에도 효과가 있다.

다음 세대에 무언가를 남기는 것은 특히 죽음을 앞둔 사람들에게 큰 의미를 갖는다. 자신의 죽음을 의식하자, 자신의 존재를 어떤 형태로든 남기고 싶고 자신이 남긴 뜻을 다음 세대가 이어주길 바란다는 사람도 많다. 죽음을 앞둔 환자 중엔 미래를 잃어버린다는 현실에 현재의 삶이 무의미하게 느껴진다는 사람도 있다. 자기 자신이 세상에 존재했다는 증거를 남기는 행위는 죽음을 초월하여 존재하는 자신의 미래를 발견하는 일이다.

고대 이집트의 왕족은 거대하고 튼튼한 무덤을 만들어서 타인들의 기억에 자신들을 각인시킴으로써 불멸의 삶을 추구했다. 살아 있는 사람의 기억 속에서 삶을 이어갈 수 있다고 믿는 마음은 죽음을 앞둔 이에게는 구원과도 같은 일이다.

작가인 미우라 아야코三浦綾子는 소설《속 빙점》에서 '생을 마치고 난 후에 남는 것은, 우리가 모은 것이 아니라 우리가 누군가에게 준 것이다'라는 프랑스 성직자의 말을 인용한다. 그리고 인생에 작별을 고하면 평생 모은 재산도, 명예도, 세상에 남기는 선물에 지나지 않지만, 살아 있을 때 타인에게 나누어준 것은 그것을 받은 사람들 손에 남고 가슴에 깃들어 계승된다. 이는 애정이자 지혜이고 정신이자 덕이며 인간의 내면적 가치라고, 미우라는 이야기한다.

교사였던 남편을 여읜 어느 70대 여성은 남편과 알고 지냈던 사람들이나 제자들이 편지를 보내거나 꽃을 선물하는 등, 아내인 자신도 몰랐던 남편의 모습을 알려줄 때마다 진심으로 마음의 위안을 받았다고 한다. 이 여성은 남편이 생전에 쌓아둔 지인들과의 유대야말로 아내인 자신에게 남긴 유산이었다고 말했다.

우리가 각자 쓰고 있는 인생은 우리의 죽음으로 막을 내린다. '그 후'의 세계가 있을지도 모르지만, 적어도 현실 세계에서 우리의 손으로 그 후의 이야기를 덧붙여 쓰는 일은 불가능하다. 그래도 완전히 끝난 것은 아니다. 우리가 남긴 유형 혹은 무형의 선물은, 남은 사람들의 인생 스토리를 풍요롭게 만들어줄 테니까.

자기 자신이 세상에 존재했다는 증거로
뭔가를 전해주거나 남기는 행위는
죽음을 초월하여 존재하는
자신의 미래를 발견하는 일이다.

죽은 자에게도
힘이 있다

삶의 증거를 남기고 싶어 하는 것은 자신의 죽음을 앞둔 사람에게만 해당되는 이야기는 아니다. 여명이 얼마 남지 않은 당사자보다도 오히려 사랑하는 사람을 잃은 유족이 더 간절하게 그 증거를 남기고 싶어 하는 경우도 있다. 고인의 삶을 나타내는 사진이나 유품, 추억이 담긴 물건을 소중하게 간직하며 고인에 대한 증거를 남기는 것은 물론, 고인이 걸어온 인생이나 고인의 생각 등에 대해 알리고 고인에 관한 추억을 모아 수기를 작성하는 한편, 고인과 인연이 깊었던 장소 및 물건을 보존하거나 공개하는 등 고인이 살아온 인생을 유형이든 무형이든 상관없이 다른 사람이나 사회에 전하고 이어가는 이들이 많다.

'생명의 메시지전生命のメッセージ展'은 떠나간 사람의 삶에 대한 증

거를 남기고 계승하기 위한 활동의 하나다. 이는 범죄·사고·집단 따돌림·의료 과실·무리한 음주 강요 등으로 억울하게 목숨을 잃은 희생자가 주인공인 예술 전시회로, 희생자 각각의 삶의 상징으로 실물 크기의 사람 모습 패널과 함께 희생자가 남긴 '신발'을 그 발치에 함께 전시하고 있다.

패널의 가슴팍에는 희생자의 사진이 붙어 있고, 그 아래에는 희생자의 얼굴과 함께 가족들이 쓴 메시지가 붙어 있다. 불합리한 죽음의 현실을 전달하고 많은 이들에게 생명의 소중함을 일깨우기 위해 NPO_{Non-Profit Organization} 법인인 '생명 박물관_{いのちのミュージアム}'도 전국 각지에서 개최하고 있다.

여기서는 생명의 소중함을 전달한다는 의미에서 주인공인 희생자를 '메신저'라고 부른다. 억울한 죽음을 맞이하여 살고 싶어도 더 이상 살아갈 수 없었던 메신저의 심정을 전함으로써 '더 이상 가해자도 피해자도 없는, 생명이 보호받는 사회'를 실현하는 것을 목표로 한다. 필자의 제자 중 하나가 중심적인 역할을 맡아 필자가 근무하는 대학에서도 '생명의 메시지전 in 간세이가쿠인대'라는 이름으로 전시회를 연 적이 있는데, 모두 30명의 메신저가 전시되어 300명 이상의 학생과 교직원이 전시회장을 방문했다.

'생명의 메시지전'에 대한 아이디어를 처음 내놓은 사람은 대학생이었던 외동아들을 음주운전 사고로 잃은 스즈키 교코鈴木恭子였다. 그는 이 활동을 시작한 동기에 대해 처음에는 아들의 흔적을 남기고 싶고 예술의 형태로 아들이 계속 살아 있게 하고 싶은 마음뿐이었다고 털어놓았다.

（범죄·사고·재난 등으로 사망한) 그 사람들은 너무나도 억울한 죽음을 맞은 거예요. 그 사람들의 그런 죽음을 그냥 잊히게 하고 싶지 않아요. 사라진 그들의 목숨을 의미 있는 형태로 살려서 남기고 싶었어요. 모두에게 살아 있다는 건 아주 멋진 것이구나, 하는 사실을 전하고 싶습니다. 죽은 사람은 무력한 존재가 아니에요.

모든 사람이 이처럼 고인의 삶의 증거를 세상에 남기고 알리려는 것은 아니다. 그런데 삶의 증거를 남기려고 노력하는 유족 중에는 범죄·사고·재난 등에 의해 가족이 불의의 죽음을 당했거나 자녀를 먼저 저세상으로 보낸 유족이 많은 것 같다. 고인의 삶의 증거를 세상에 남기는 행위는 받아들이기 힘든 죽음을 마주하는 방식의 하나로, 유족에게 그 행위는 고인의 존재를 자신은 물론이고 사회가 계속 기억하게 만드는 데 의미가 있다. 또한 고인의 죽음에 새로운 의미를 부여하는 시도이기도 하다. 만약 고인의 죽음을 계기로 이 사회가 더 좋은 방향으로 변화할 수 있다면 그 죽음은 사회적 의미를 지니게 된다. 그리고 남겨진 이들이 고인을 추모하며 잊지 않고, 고인의 죽음을 의미 있는 것으로 만드는 것이야말로 결과적으로는 고인이 편히 잠들게 하는 길이라고 많은 유족들은 믿는다.

고인의 삶의 증거를 세상에 남기고 이어가려는 행위는 고인과 대화를 나누는 과정이다. 남겨진 사람은 고인의 생각이나 삶의 방식을 물어보면서 고인이 남긴 유형, 무형의 증거를 탐색한다. 결코 쉬운 일은 아닐 테지만, 유족의 입장에서는 이러한 과정을 통해서라도 고인과 소통하는 것이 남은 인생을 살아가면서 마음을 둘 의지처가 될 것이다.

또한 이러한 활동에 참가하는 과정을 통해 유족들끼리 만남을 갖고 체험이나 생각을 나누며 서로 지지하고 격려하는 기회가 될 수도 있다. 요즘 '그리프 케어'라는 단어가 점점 널리 알려지고 있는데, 깊은 슬픔에 잠긴 유족이 고인과의 대화를 이어가면서 고인의 삶의 증거를 남기는 활동을 지지하는 것도 그리프 케어의 방식이라고 생각한다.

과거를 돌아보면 비참한 사건이나 사고, 전쟁이나 재난 등 떠올리기 싫은 상실이 수없이 많다. 그러한 사건이 미치는 영향이 종종 화제에 오르기도 하는데, 그 희생자나 유족의 존재를 잊어서는 안 될 것이다. 필자가 재직 중인 대학에서 개최된 전시회에 방문했던 사람들은 전시된 메신저들의 죽음을 가까운 이들의 죽음처럼 여기고, 생명의 존귀함과 함께 가족의 소중함을 깊이 느꼈다고 한다. 유족을 통해 전해지는 고인의 삶의 증거는 '어떻게 살아야 할 것인가'라는 화두를 예리하게 던지고 있다. 고인이 남긴 유산을 이 사회에서 어떻게 받아들이고 어떻게 공유할지 모색하는 것이야말로 현재를 살아가는 우리가 풀어야 할 과제다.

잃기 전에 무엇을 해야 하는가?

상실의
준비

잃어버리기 전부터
그 가치를 알려고 노력한다

가수 존 레논John Lennon의 싱글 앨범 중에 〈What you got〉이라는 노래가 있다. 직역하면 '당신이 갖고 있는 것'이 된다. 이 곡의 후렴에서는 'You don't know what you got, until you lose it'라는 구절이 반복되는데 '잃어버리기 전에 당신은 무엇을 갖고 있었는지 깨닫지 못한다'는, 즉 잃어버리고 나서야 비로소 자신에게 소중했던 것을 깨닫는다는 말이다.

'잃어버리고 나서야 깨달았다'는 체험담을 종종 듣는다. 관련된 에피소드를 떠올리는 사람도 많을 것이다. 잃어버리기 전에 그 소중함을 알 수 있었다면 잃어버리지 않았을 것이라고 하는 사람들도 있다. 아무리 후회해도 돌이킬 수 없는 사건도 많지만, 잃어버린 것을 되찾고 싶다고 간절히 원하는 사람도 있다. 앞서 소개한 노래도 마지막 부분에서 '다시 한번 기회를 달라'는 말로 끝맺는다.

'이미 엎지른 물'이라는 속담도 있듯이, 이미 끝나버린 일을 후회하는 일이야 다반사다. 왜 사람들은 잃어버리고 난 후에야 그 소중함을 알게 되는 것일까? 잃어버리고 나서야 비로소 깨닫는다는 말을 그대로 해석하자면, 그때까지는 소중하다는 것을 알아차리지 못했으며 미처 몰랐다는 말이 된다. 엄밀하게 말하면, 알아차리지 못했던 것이 아니라 의식하지 못했거나 잊고 있었다는 뜻에 가까운 것 같다. 가족이나 사랑하는 연인, 건강, 직업 등이 소중하다는 사실을 전혀 몰랐다고는 할 수 없다. 처음에는 그 가치를 인식하고 있었지만 감각이 서서히 무더지면서 결국에는 무의식으로 가치가 매몰된 것이리라. 진부한 표현이기는 하지만 마치 숨 쉬는 공기처럼 그곳에 있는 것이 당연하게 느껴진 것이다.

시간이 될 때면 항상 남편과 둘이서 데이트를 즐기곤 하던 어느 70대 여성은 남편을 먼저 보내고 나서 평범하고 당연하다고 생각했던 일상생활이 얼마나 좋았는지 깨달았다고 한다. 그러면서 '부부가 함께 거리를 걷고 있는 모습을 보면 부러운 마음이 든다. 독립적으로 씩씩하게 잘 살아왔다고 생각했는데, 실은 내가 얼마나 남편에게 의지하고 살아왔는지 절감하게 된다. 이제야 남편이 있다는 것이 얼마나 고마운 일인지 알게 됐다'라고 말했다.

잃어버리는 사건을 통해 잃어버린 것의 가치를 절감하는 것은 분명한 사실이다. 하지만 잃어버리지 않고서 그 가치를 깨닫는 일도 불가능한 것은 아니다.

인간에게는 타인의 행동이나 반응을 관찰하고 직접 경험하지 않은 행동도 학습할 수 있는 능력이 있다. 이러한 관찰 학습, 이른바 모델링을 통해 그 행동이 적절한지, 부적절한지를 판단하고 사회적 규범이나 매너 등을 익힌다. 즉, 인간은 직접 경험하지 않은 미지의 중대한 상실에 대해서도 타인의 경험을 통해 배울 수 있는 고도의 능력이 있는 것이다.

또한 인간에게는 풍부한 상상력이 있다. 지금 여기에 없는 것, 아직 경험하지 못한 사건을 상상하고 생각하는 힘은 다른 동물들에게는 없는 인간 특유의 능력이다. 쉬운 일은 아니지만, 당사자의 말에 진지하게 귀를 기울이고 아직 경험하지 못한 중대한 상실을 상상하여 가까이에 있는 존재의 소중함을 실감할 수도 있을 것이다.

사후 세계에 대해
이야기하는 문화를 만든다

누구에게나 저마다 잃고 싶지 않은 것이 있다. 바꿔 말하면, 잃고 싶지 않은 것은 그 사람의 욕구를 채워줄 수 있는 것이자 그 사람이 꼭 필요로 하는 것이라고 할 수 있다.

미국의 심리학자 에이브러햄 H. 매슬로Abraham H. Maslow의 '욕구 단계 이론hierarchy of needs theory'에 의하면, 인간에게 동기를 부여하는 근원적 욕구는 배고픔이나 목마름, 성적 욕구처럼 생존에 필요한 생리적 욕구이며, 이 욕구가 어느 정도 충족되면 이번에는 건강 유지나 생활상의 안정 등 위험을 피하고 안전하다는 느낌을 누리고 싶어 하는 안전의 욕구가 나타난다고 한다.

이 두 가지 욕구가 충족된 후에 나타나는 것이 애정과 소속의 욕구다. 이는 가족이나 친구, 동료에게 인정받고 그룹에 소속되어 있으며 누군가의 사랑을 받고 있다는 기분이 들 때 충족된다.

이어서 나타나는 존중의 욕구는 타인으로부터 가치 있는 존재로 인정받고 존중받고 싶다는 욕구다. 그리고 가장 고차원적인 욕구가 자아실현의 욕구인데, 이는 자신의 존재로부터 의미를 발견하고 있는 그대로의 모습으로 살아가려는 것이다.

인생을 살아가는 도중에 직면하는 중대한 상실은 이러한 욕구의 충족을 위협하는 사건이다. 예를 들어, 재해로 주택이나 재산을 잃어버리면 일시적으로 생리적 욕구나 안전의 욕구가 채워지지 않게 된다. 정년퇴직을 하면 애정과 소속의 욕구, 존중의 욕구 면에서 만족도가 크게 떨어진다. 물론 인간의 욕구가 언제나 충족된 상태인 것은 아니지만, 중대한 상실을 겪으면 상황이 악화되어 욕구 충족이 더 낮은 상태로 전락할 위험이 있다. 이러한 욕구를 의식하면 자신이 잃어버리고 싶지 않은 것이 무엇인지, 또는 지금 필요한 것이 무엇인지 이해하기가 좀 더 수월해질 것이다.

우리가 가장 잃고 싶지 않은 것 중 하나는 자기 자신 및 사랑하는 사람의 생명일 것이다. 죽음에 대해서는 그다지 생각하고 싶지 않다는 사람도 많다. 그래서인지 죽음을 의미하는 말에 긴 수면을 의미하는 영면永眠, 혼이 하늘에 올라간다는 승천昇天, 다른 세계로 이동한다는 타계他界 등 여러 간접적인 표현이 많다. 이처럼 죽음이라는 직접적인 표현을 피하려는 것은 죽음을 기피하는 의식이 반영된 것이다.

다이이치第一생명 경제연구소의 고타니 미도리小谷みどリ는 2013년 50대, 60대, 70대의 남녀 600명을 대상으로 자기 자신의 '죽음에 대한 공포'에 관해 설문 조사를 실시했다. 이에 따르면, 자기가 죽는 것이 두렵다고 응답한 사람의 비율은 연령대가 낮을수록 높게 나타났다(50대 68.8%, 60대 55.3%, 70대 43.3%). 그리고 연령대 및 성별과 상관없이 '죽음 직전의 병세 악화로 통증이나 괴로움이 심해지는 것', '죽은 후에 내가 어떻게 되고 또 어디로 가는 것인지 알 수 없다는 것'에 대한 불안이 특히 죽음에 대한 공포를 불러일으킨다는 사실이 밝혀졌다. 이 두 가지는 죽음에 이르는 과정에 대한 불안과 사후의 행방에 대한 불안이라고 할 수 있다. 먼저 죽음을 앞둔 상태에서 느끼는 고통에 대해서는 통증 완화 치료가 앞으로 더 발전하기를 기대한다.

그런데 이에 비하면 사후 행방 문제에 대한 인식은 다소 등한시되는 것 같다. 윤리학자인 오마치 이사오大町公 교수는 2000년대 초 노래 〈천 개의 바람이 되어〉의 열풍이 불었을 때 그에 관한 논문을 발표했다. 이 논문에서 그는 '2차 세계대전 이후의 일본에는 사후 세계에 관한 담론이 존재하지 않았다. 사람이 죽으면 어떻게 되는지, 아무도 가르쳐주는 이가 없었다'라고 지적한다. 그에 따르면 고도 경제성장기 시대, 종교의 영향력이 약해지고 평균 수명이 크게 늘어나면서 젊은 세대 중에서는 죽음을 경험하는 사람이 줄어든 상황에서 아무도 죽음을 입에 올리지 않게 되었고, 그 결과 삶과 죽음에 관한 고찰은 유명무실해졌다고 한다.

사후 세계에 대한 침묵은 고인의 행방을 모호하게 만들고 그 죽음을 받아들이기 어렵게 만들 수 있다. 사후 세계에 대해 제대로 이야기해본 적이 없는 전후 세대에게는 죽음이라는 현실과 직면하게 되면 자신의 죽음이나 사랑하는 이들의 죽음을 받아들이는 일이 그 전 세대보다 더 힘들게 느껴지는 것인지도 모른다.

죽음을 의식하는 태도가
주체적인 삶을 이끈다

중국 당나라의 시인 우무릉于武陵은 한시 〈권주勸酒〉에서 '꽃이 피면 비바람이 잦고 인생에는 이별뿐花發多風雨 人生足別離'이라는 구절을 읊었다. 인생에는 이별이 다반사라는 엄연한 진실을 알려줌으로써 가까이에 있는 사람과의 인연, 그들과 함께하는 시간의 소중함을 진지하게 전하는 시다.

이별을 포함하여, 앞으로 다가올 상실을 평소에 의식한다면 살아가는 방식도 변화할지 모른다.

독일의 철학자 마르틴 하이데거Martin Heidegger는 인간을 '죽음으로 향하는 존재'라고 보고, 죽음이라는 한계점의 속성을 스스로 깨달았을 때 인간은 한정된 시간을 의미 있게 살아갈 수 있다고 했다. 또한 귀중한 인생의 시간을 충실히 보내기 위해서는 죽음을 애써 외면할 것이 아니라 죽음의 가능성에 대해 항상 마음을 열어놓고 스스로 죽음을 의식하는 것이 중요하다고 한다. 한편, '사람은 언젠가는 반드시 죽는다. 그러나 당분간은 내 차례가 아니다'라는 말처럼 일상 세계에서 자기 자신의 죽음은 은폐되어 있다고도 지적한다. 죽음을 자신의 바깥에서 일어나는 사건으로만 파악하거나 다른 사람에게 닥칠 사건으로만 해석함으로써, 자기 자신에게 닥치게 될 죽음의 가능성을 일부러 모른 체하고 숨긴다는 것이다.

일상생활에서 타인의 죽음에 관한 이야기를 들을 기회는 많지만 자기 자신의 죽음에 대해서 깊이 생각하고 평소에 죽음을 의식하는 경우는 상대적으로 적은 것 같다. 노화로 쇠약해진 가족을 돌보거나 같은 세대의 부음을 접하면 자신의 죽음을 의식하지 않을 수 없지만, 이조차도 젊은 연령대에 속하는 사람들에게는 좀처럼 기회가 없다.

자신의 죽음은 가장 중대한 상실 체험이다. 그런데 살다 보면 사랑하는 사람과의 이별을 비롯하여, 자신의 죽음 못지않게 크나큰 상실과 마주칠 때가 있다. 이러한 상실은 자신의 일부를 잃어버린 것처럼 느껴지는 큰 사건이다. 철학자이자 조치上智대학교 명예교수인 알폰스 데켄Alfons Deeken의 표현을 빌리자면, 이러한 상실은 '자기 자신의 작은 죽음'이라고도 부를 만하다. 그런데 일상 생활에서는 자신의 죽음이 아닌 작은 죽음을 겪을 가능성을 이야기하는 것마저 금기시되는 경향이 있다.

상실에는 가까운 사람과의 사별이나 자기 자신의 질병 및 노화처럼, 언젠가는 경험하게 될 가능성이 높은 유형도 있지만, 재난으로 주택과 재산을 잃거나 사고나 질병으로 신체에 장애가 생기는 등 모든 이가 겪지는 않는 유형의 상실도 있다. 하지만 그 어떤 상실이라도 나에게만큼은 절대로 일어나지 않는다는 보장은 없다. 그러나 이런 사실을 알면서도 다른 사람에게나 닥칠 일이라고 여기고 자신이 당사자가 될 가능성에 대해서는 애써 눈을 감는 경향이 있다. 나 역시 언제든 그와 같은 상실에 직면할 가능성이 있다는 사실을 인정하고 평소에 의식하면서 살아간다면, 아직 잃어버리지 않은 것에 대해 감사하고 현재 주어진 시간을 소중하게 여기는 삶의 자세를 갖게 될 것이다.

최근 40~50대의 중년 세대를 중심으로 인생의 마지막을 준비하는 다양한 활동을 하는 사람들이 늘고 있다. 그중 하나로, 죽음과 마주하는 계기를 만들기 위해 실제로 관에 들어가는 '입관 체험'이 주목을 끈다. 필자도 몇 번 체험했지만, 처음 관에 들어갈 때는 쭈뼛거리면서 발을 집어넣었다. 그 후 뚜껑이 닫히자 상당히 불안해진 기억이 난다. 완전히 깜깜한 공간에서 나 자신의 죽음과 가족들의 죽음에 대해 자연스럽게 생각하게 되었다.

입관 체험은 죽음과는 아직 인연이 없어 보이는 젊은 세대에게도 죽음에 대해 생각해보는 귀중한 기회를 마련해준다. 그래서 필자와 제자들은 대학 오픈 캠퍼스 이벤트의 하나로 입관 체험을 기획하여 학교를 방문한 고등학생에게 3분씩 입관 체험을 할 수 있도록 했다. 마침 그 길을 지나가다가 호기심이 발동해서 참여했다는 사람이 대부분이었는데, 나중에 앙케트 결과를 살펴보니 많은 사람들이 자신의 죽음이나 가까운 사람들의 죽음, 생명의 소중함, 고인의 심정 등에 대해서 생각해보는 계기가 되었다고 답했다.

최근에는 사람들이 죽음에 대해 부담 없이 이야기를 나누는 '데스 카페Death Cafe'라는 활동도 전개되고 있다. 입관 체험이나 데스 카페는 다소 특수한 사례인지 모르지만, 세대를 불문하고 기회가 있을 때마다 죽음을 자신의 일로 의식하는 계기를 얻는 것은 소중한 인생을 주체적으로 살아가는 데 도움이 될 것이다.

그 어떤 상실이라도
나에게만큼은
절대로 일어나지 않는다는
보장은 없다.

원하는 상실의 방식을
생각해둔다

인생은 예측불허라서 뜻하지 않은 사건이 일어나기 마련인데, 인생의 최종 단계에 이르면 미리 예측할 수 있는 상실도 있다. 예측 가능한 상실이라면 그 상실을 막을 수 있는 대책도 세울 수 있다.

예를 들어 나이를 먹으면 누구나 노화라는 상실을 경험하는데, 이 때문이나 미용이나 건강 분야를 중심으로 안티에이징 개념이 널리 퍼지고 있다. 나이 듦에 따른 노화 현상을 막고 최대한 늦추는 것을 목적으로 삼는 항노화 의학anti-aging medicine도 최근 급속하게 발전하고 있다. 노령화에 따른 심신 기능의 저하를 막고 건강 수명이 손상되는 일이 없도록 대책을 강구하는 일은 당사자인 본인을 포함하여 가족이나 사회에도 의미 있는 일이다. 중대한 상실을 예측하고 대책을 세워 상실을 피할 수 있다면 이상적일 것이다.

다소 늦출 수는 있어도 현실적으로 저항 불가능한 상실도 있다. 평소의 마음가짐으로 노화를 지연시킬 수 있어도 완전히 막을 수 있는 사람은 없다. 아직 마음은 청춘이니까 계속 일하고 싶다고 해도, 언젠가는 일을 내려놓아야 하는 순간이 찾아온다. 그리고 아무리 최신 의학의 손을 빌려도 사랑하는 이의 죽음이나 자기 자신의 죽음에서 벗어날 수는 없다.

따라서 상실을 막기 위한 대책을 세우는 것도 중요하지만, 상실이 찾아온다는 전제하에 그에 대한 대비책을 세우는 작업도 중요하다. 언젠가는 찾아오게 될 상실을 어떻게 잘 맞이할 것인가? 이 과제에 대해, 적절한 표현은 아닐 수 있지만 후회 없이 잘 잃어버릴 수 있도록 그때까지 할 수 있는 것이 무엇인지 생각해 두는 태도가 필요하다.

최근에 인생의 최종 단계에서 받는 의료 및 요양 서비스를 가리키는 이른바 '생애 말기 돌봄End-of-Life Care'이 관심을 끌고 있다.

일본 호스피스·완화 케어 연구진흥재단에서 발표한 2018년도 조사 보고서에 따르면 인생의 최종 단계에서 받고 싶은 치료가 무엇이냐는 질문에 대해 '고통이 수반되더라도 질병에 대한 치료(최

대한 오래 살 수 있도록 해주는 치료)를 가장 원한다'는 응답이 10.9%
였던 것에 비해 '생명의 예후를 최대한 길게 하는 것보다 통증이
나 고통을 줄여주는 치료를 받기 원한다'는 응답은 58.1%로 나타
났다. '특별한 희망 사항은 없다·잘 모르겠다'는 31.0%였다.

말기 돌봄의 수준을 더 높이기 위해서는 이러한 환자들의 의
사를 존중해야 하는데, 인생의 거의 마지막 시기에 이르면 환
자 본인이 스스로 의사를 전달할 수 없는 상태에 빠지기도 한
다. 그런 경우에도 환자 본인의 의사를 존중한 의료 서비스를 제
공하기 위해서는 환자와 가족, 의료인·간병인 등이 미리 대화
를 나누어야 하며, 이렇게 대화를 나누는 과정을 '사전 돌봄 계획
Advanced Care Planning (환자의 의사결정 지원 계획)'이라고 한다.

사전 돌봄 계획에서는 환자 본인의 의사가 무엇인지, 궁금한
점은 있는지, 앓고 있는 병의 증세나 예후에 대한 이해, 치료 및
요양에 관한 의견 및 선호하는 방식 같은 내용은 물론, 환자가 지
금까지 지녀온 인생관과 가치관, 어떠한 삶의 방식을 원하는지에
이르기까지 많은 것에 대해 이야기를 나눈다.

환자 본인의 생각이 바뀌는 일도 있으므로 사전 돌봄 계획은
여러 번에 걸쳐 실시하는 것이 중요하다. 영국의 유명한 의학 잡
지에 실린 연구 결과(Detering et. al., 2010)를 보면, 사전 돌봄 계획

을 통해 환자 본인의 의사가 좀 더 존중받는 형태로 돌봄 서비스가 이루어져서 환자와 가족들의 만족도가 높아지고 사별 후의 유족이 느끼는 불안이나 우울감도 감소했다고 한다.

후생노동성이 2017년도에 실시한 인생의 마지막 단계의 의료 서비스에 관한 의식 조사 결과를 보면 '여명이 얼마 남지 않았을 때 받고 싶은 의료·요양 서비스 및 받고 싶지 않은 의료·요양 서비스에 대해 가족이나 의료 및 돌봄 관계자와 어느 정도 대화를 하였습니까?'라는 설문에 대해 '자세한 내용까지 대화하고 있다'는 응답은 2.7%, '일단 대화하고는 있다'는 응답은 36.8%로, 다 합쳐도 40%가 되지 않는다. 게다가 '인생의 마지막 단계의 의료·요양 서비스에 대해 생각해보았다'고 응답한 사람이 약 60%에 그치는 실정이다.

고베神戸 대학교 대학원의 기자와 요시유키木澤義之 교수는 건강한 사람이 평소에 염두에 두어야 하는 사항으로 누가 내 의사를 대변할 것인지를 정하고, 목숨이 위험한 순간에 누군가가 옆에 있어주었으면 좋겠다거나 대소변 처리는 남에게 맡기기는 싫다는 등 자신이 걱정하는 점을 분명히 인식하고 있어야 한다고 설명했다(《산케이신문》, 2018년 8월 8일 자).

죽음이라는 주제는 어쩐지 불길하다며 대부분의 경우 화제로

삼지 않는 분위기가 일반적이지만, 아직 몸과 마음이 건강할 때
야말로 너무 심각하지 않은 태도로 죽음에 대한 이야기를 꺼낼
수 있는지도 모른다. 인생의 마지막 단계에 받는 의료·요양 서
비스도 남의 일이 아니라 자기 자신의 일임을 자각하고 어떤 치
료나 돌봄을 받고 싶은지, 인생관이나 가치관을 포함해서 기회가
있을 때마다 가까운 사람과 평소에 이야기를 나누는 것이 바람
직하다.

남겨질 이들을 위한
준비를 한다

상실은 생각도 하기 싫다는 사람도 있을 것이다. '죽을 때 되면 어차피 죽을 텐데, 미리 생각한들 뭐가 달라지겠어. 그냥 운명에 맡기는 게 더 낫지'라고 할지도 모른다. 불확실한 미래에 찾아올 상실을 곰곰이 생각하기보다는 눈앞에 놓인 현실에 집중하는 편이 더 생산적이라는 말도 일리는 있다. 그러나 중대한 상실은 자신뿐 아니라 가족이나 주위 사람에게도 큰 사건이다. 아무리 다른 사람에게 짐이 되고 싶지 않다고 한들, 사후에 자신의 유해를 스스로 처리할 수는 없는 노릇이다. 그러니까 언젠가 찾아올 상실에 대비하여 미리 준비하는 것은 나만을 위한 일이 아니다.

초고령사회·다사사회를 맞이하고 있는 일본에서는 인생의 마지막을 준비하는 다양한 활동을 뜻하는, 이른바 '최종 활동'이 주목을 받고 있다. 최종 활동은 유언장 작성이나 장례식 준비, 묘지 예약 등 다양하다. 독거 생활자라면 신체장애가 생기거나 치매 등으로 판단 능력이 떨어졌을 때를 대비한 임의 후견인 제도, 장례식이나 사망 후 절차 등의 처리를 위임하는 사후 사무 위임 계약 등에 대해서도 검토해둘 필요가 있다.

언젠가 사망할 때를 대비하여 본인의 의사 및 생각을 기록한 '엔딩 노트Ending Note'도 있다. 문구류나 사무용 가구 전문 기업인 고쿠요コクヨ주식회사가 2010년 9월에 발매한 '엔딩 노트, 만약의 순간에 도움이 되는 노트'는 6년 만에 60만 권이나 팔린 대히트 상품이었다.

엔딩 노트에는 법적 효력은 없지만 자신의 이력이나 자산 정보, 친족이나 친구의 연락처, 연명 조치나 장기 이식에 대한 의사, 장례식이나 장묘 서비스에 대한 희망 사항, 사랑하는 사람에게 남기는 메시지 등을 차근차근 적을 수 있도록 고안되어 있다.

이러한 최종 활동은 자신이 원하는 방식으로 임종을 맞고 싶다거나 희망하는 방식으로 장례를 치러달라는 자신의 의사를 표현한다는 점에서는 자기 자신을 위한 활동이다. 한편으로는 임종의 순간이나 사망 후에 '가족을 힘들게 하고 싶지 않다'는 마음이 큰 동기인 경우도 종종 있다. 그러므로 자신의 질병이나 노화,

죽음에 대비하는 것은 가족이나 가까운 사람을 위한 활동이기도
하다.

2011년 10월에 개봉한 〈엔딩 노트〉라는 영화가 있다. 고레에
다 히로카즈是枝裕和 감독이 제작하고 스나다 마미砂田麻美 감독이 메
가폰을 잡은 다큐멘터리 작품으로, 국내외에서 높은 평가를 받았
다. 영화의 주인공은 감독의 친아버지인 스나다 도모아키砂田知昭
로, 질병에 맞서 마지막 순간까지 최선을 다해 살고자 하는 아버
지와 가족들의 모습을 딸인 스나다 감독의 손으로 스크린에 담
았다.

스나다 도모아키는 만 67세로, 40년 이상 근무했던 회사에서
정년퇴직한 후 건강진단에서 위암 4기로 진단받고 6개월 뒤 세
상을 떠났다. 그는 죽기 전에 할 일로 신부님 찾아가기, 손자와
열심히 놀아주기, 장례식 시뮬레이션, 마지막 가족 여행, 장남에
게 인수인계, 아내에게 (처음으로) 사랑한다고 말하기 등의 10개
항목으로 이루어진 할 일 목록을 만들고 하나씩 실천에 옮긴다.

시시각각 다가오는 죽음을 외면하지 않고 인생의 마무리를 위
해, 그리고 남겨질 가족을 위해 자신의 임종 준비를 하나씩 처리
하는 그의 진취적인 태도는 훌륭하다는 말로밖에는 설명할 길이
없다. 아버지의 희망 사항을 존중하고 따스한 눈길로 지켜보던

가족의 모습도 놓칠 수 없는 감동이었다.

필자의 수업에서도 이 영화를 학생들에게 보여주고 스나다 감독을 초청하여 특별 강연을 들은 적이 있었다. 감독에게 아버지의 사망은 매우 슬픈 사건이었지만, 아버지와 함께 지낸 마지막 6개월, 그리고 영화를 편집했던 기간을 통해 삶이란 다음 세대에게 연결해주는 것이라는 생각을 하게 되었다고 말했다. 아버지로부터 생명의 바통을 건네받았다는 생각이 들었고, 그게 삶을 살아가는 데 필요한 희망이 되었다고 한다. 암세포가 발견되고 나서 눈을 감을 때까지의 시간은 결코 길지 않았지만, 온 가족이 하나가 되어 끈끈한 정을 나눌 수 있었던 것은 아버지에게도, 남겨진 가족에게도 행복한 방식으로 인생의 막을 내린 것이라는 생각이 들었다.

죽음 교육은
평생 지속되어야 한다

　살아가는 동안 여러 차례 상실을 겪으면서 그 경험으로부터 많은 것을 배운다. 그러나 한편으로는 상실 그 자체를 의식하는 과정을 통해 배우는 것도 중요하다. '죽음을 생각하는 것은 삶을 생각하는 것'이라고 하듯, 인생에서 무엇을 잃고 상실과 어떻게 마주할 것인가를 생각하는 일은 결과적으로 인생을 어떻게 살아갈 것이냐고 자문하는 일이다.

　어린아이는 학교 교실에서만 배우지 않는다. 아이들은 교실을 떠나 가정이나 지역 사회에서 가까운 어른에게서 배우고 익힌다. 어린이의 역할 모델인 어른들이 중대한 상실에 대해 어떻게 대처하고 반응하는지, 아이들은 가까이에서 보고 배운다. 예를 들어, 사별하는 어른들의 모습을 보면서 고인에 대해 어떻게 말하면 되는지, 어떠한 감정을 가지면 되는지 배울 것이다.

아이들이 불안해할까 봐 감정 표현을 드러내지 않으려는 어른도 있다. 하지만 어른들과 마찬가지로, 아이들도 울어도 괜찮고 분노를 느껴도 괜찮고 크게 슬퍼해도 괜찮다는 사실을 알아야 한다. 어른들이 감정을 숨기면 아이들도 자기 감정을 솔직하게 표현하지 않을 가능성이 크다. 아이들에게는 함께 죽음을 애도하고 본보기가 되어줄 어른이 필요하다.

'생명 교육' 전문가인 도쿠마루 사다코는, 어린이가 삶과 죽음에 대해 배울 수 있는 기회로 장례의식에 참여시킬 것을 권한다. 장례식에 참석하여 향을 피우고 관 위에 꽃을 장식하는 방관자적인 입장이 아니라, 어른들처럼 어떤 역할이라도 맡아서 수행하게 하는 것이다. 그리고 가능하다면 시신과 접촉하는 기회를 주도록 권유한다. 차갑고 딱딱해진 시신을 눈으로 보고 손으로 만지면서 죽음을 실감하는 것은 죽음과 분리된 현재 세계에서는 좀처럼 얻기 힘든 배움의 기회가 된다. 또한 명절이나 기일에 제사를 지낼 때에도 고인이나 죽음에 대해서 거리낌 없이 활발하게 이야기를 나누는 것도 중요하다.

서양에서는 죽음과 관련된 교육을 '죽음 준비 교육Death education'이라고 하는데, 1960년대 무렵부터 그 필요성을 널리 알렸다. 일본에서는 알퐁스 데켄이 1975년에 조치대학교에서 죽음의 철학 강좌를 개설했고, 1982년에는 '삶과 죽음을 생각하는 모임'을 창립하는 등 죽음 준비 교육의 실천과 보급에 크게 기여했다.

데켄은 죽음 준비 교육의 목적에 대해, '죽음을 가까이에 있는 문제로 인식하고 삶과 죽음의 진정한 의의를 탐구하며 자각을 지니고 자신과 타인의 죽음에 대비하는 마음가짐을 배우는 것'이라고 설명한다. 삶과 죽음의 교육 및 학습은 학교 교육의 장뿐 아니라 가정이나 사회에서 평생 지속되어야 한다.

아울러 죽음을 연구 주제로 다루는 학문 분야를 '죽음학'이라고 한다. 죽음학을 배울 수 있는 대학은 일본에서는 아직 소수에 불과하지만 방송대학放送大学에서 2014년도에 '죽음학 입문' 강의를 시작하였고 2018년도부터는 '죽음학 필드'라는 과목도 개설되었다.

상실을 기꺼이 말할 수 있는
사회로 나아간다

중대한 상실에 대해서 어떤 방식으로 대처할 것인가는 당사자 개인이나 가족의 문제만은 아니며 사회 차원에서도 중요한 문제가 된다. 현재 우리 사회는 중대한 상실에 직면한 사람이 살기 좋은 사회라고는 하기 힘든 것 같다.

예를 들어 암 환자 중에는 수술, 약물 요법, 방사선 치료 등으로 인해 탈모, 피부와 손톱의 변색과 같은 증상이 나타나는데, 이를 보고 직장이나 학교에서 어떤 반응을 보일지 걱정되어 아예 타인과의 교류를 단절하는 사람도 있다고 한다.

다음은 젊은 연령대의 유방암 환자에 속하는 40대 여성 한 명이 신문에 투고한 글이다(《아사히신문》, 2018년 4월 1일 자).

암 환자의 입장에서 가장 견디기 힘든 일은 컨디션 난조는 물론이고 외부 세계에 대한 두려움과 불안감입니다. '나는 보통 사람과 다르다. 외출을 삼가고 집에 얌전히 있어야 한다.' 이런 생각이 들어서 오로지 병원과 집만 왔다 갔다 하는 게 외출의 전부인 사람들이 많습니다. 평소대로 생활할 수 있도록 지원하는 무언가가 필요합니다.

이 여성의 지원을 담당했던 국립암연구센터 중앙병원 산하 어피어런스appearance 지원센터의 노자와 게이코野澤桂子 센터장은 '암 환자들은 환자라고 해서 특별대우를 하기보다는 평범한 사람처럼 대하길 원한다. 우리 센터가 지향하는 최종 목표는 암 환자임을 숨기지 않아도 되는 사회다'라고 말한다(《아사히신문》, 2018년 3월 14일 자).

현대 사회는 인류가 자연을 지배하고 제어하는 것을 목표로 발전을 거듭했고, 그 과정에서 지금까지 인류에게 많은 혜택이 주어졌다. 새롭게 얻게 된 물건이나 가능해진 일은 수없이 많으며 우리의 삶도 편리하고 풍요로워졌다. 그렇지만 아직도 우리의 삶에 늘 상실이 존재한다는 사실은 변함없으며 중대한 상실에 직면하는 사람도 여전히 많다. '무언가를 손에 넣기'와 '잃어버리지 않기'만을 중요시하는 사회 분위기에서 지금까지 '잃어버리기'는 사람들의 관심을 끌지 못했다.

어느 60대 여성이 말하기를, 남편이 세상을 떠난 지 1년이 지났을 무렵 항상 남편과 둘이서 가곤 했던 매실 숲에 이번에는 혼자 갔는데, 자신과 비슷한 연령대의 사람들 중에 혼자 온 사람이 꽤나 많았다는 사실을 처음으로 깨달았다고 한다. 자신이 그 당사자가 되고 나서야 '지금까지는 안 보이던 세계'가 시야에 들어왔다는 말이었다.

소중한 것을 잃는다는 현실을 머리로는 이해하고 있어도 그 사실을 의식적 또는 무의식적으로 피하고 싶어 한다. 상실이라는 현실을 직시하는 일은 자신의 미래에 대한 불안이나 두려움을 상당히 불러일으키기 때문이다. 상실을 의식하게 만드는 존재를 외면하고 회피하는 행동은 미래에 대한 불안과 두려움에 대처하는 방법 중 하나로 볼 수 있다.

그렇지만 그런 대처 방식은 미래의 불안을 뒤로 미루고 불안이나 두려움을 쌓아두는 동시에, 상실에 대비할 기회를 빼앗고 실제로 상실이 닥쳤을 때 똑바로 마주하기 어렵게 만들 수도 있다. 그리고 이런 회피적인 태도는 상실에 수반되는 비탄을 떠안고 견디는 사람들과의 거리를 만들고 그들을 사회적으로 고립시키는 결과를 초래한다.

　초고령화사회·다사사회를 맞이한 현재, 무언가를 손에 넣기보다는 무엇을 어떻게 상실할 것인가, 어떤 방식으로 내려놓을 것인가 하는 태도가 그 어느 때보다 중요하다. 중대한 상실은 결코 남의 일이 아니며, 모든 사람이 경험하는 일이다. 무언가를 얻는 것과 잃는 것은 동전의 양면과 같으며, 인생의 기로에서 손에 넣는 것이 있다면 잃는 것도 당연하다. 원하는 인생을 살기 위해서는 무엇을 얻고 지킬 것인가도 중요하지만, 무엇을 잃었는지 제대로 인식하고 대처하는 방식을 정하는 것도 중요하다. 자연을 지배할 수 없기에 자연과의 공존법을 모색하는 것과 마찬가지로 불가역적인 상실과 타협하면서 어떻게 살아갈 것인지 모색해야 한다.

　중대한 상실과 마주할 가능성을 각자가 어떻게 이해하고 받아들이느냐에 따라 사회의 모습도 달라질 것이다. 우선, 질병과 장애, 사랑하는 사람과의 사별, 자신의 죽음 등 중대한 상실을 특별하게 바라보지 말고, 당사자든 당사자가 아니든 부담 없이 편안한 기분으로 상실을 이야기할 수 있는 사회를 목표로 삼는 것부터 시작하자.

원하는 인생을 살기 위해서는
무엇을 얻고 지킬 것인가도 중요하지만,
무엇을 잃었는지 제대로 인식하고
대처하는 방식을 정하는 것도 중요하다.

잃어버린 것들을 무엇으로 기억해야 하는가?

상실의
회고

상실을 회고하는 건
현재를 행복하게 사는 방법이다

지난날의 상실 체험을 의식적으로 돌아보는 일은 과거에 대한 집착과는 다르다. 과거를 돌아보는 일을 회피하는 행동은 자신이 과거에 대해 집착하지 않는다고 일부러 보여주려는 것에 지나지 않으며, 오히려 그런 사람일수록 사실은 무의식적으로 과거의 체험에 얽매인 상태일 수도 있다.

살면서 경험하는 중대한 상실에 대해 그 전부를 곧바로 받아들일 수는 없다. 그 경우, 상실 체험은 부분적으로만 해결된 상태에 머무르기도 한다. 이러한 상실 체험은 '미완결 사태unfinished business'라고 하는데, 어떤 계기가 주어지면 강렬한 비탄으로 드러나기도 한다.

어느 여성이 겪은 비탄에 관한 체험담이 신문 투고란에 실렸다. 주인공은 60대 여성으로, 치매 환자인 만 88세의 친정어머니를 돌보다가 겪은 일이라고 한다(《아사히신문》, 2010년 5월 2일 자).

며칠 전에 어머니가 갑자기 22년 전에 서른여섯의 나이로 세상을 떠난 남동생에 대해 나에게 물었다. 아무 생각 없이 사실대로 대답했는데, 어머니는 '내 아들이 죽었을 리가 없다'면서 엄청 화를 내기 시작했다. 당황해서 얼른 다시 대답했지만, 어머니의 분노는 사그라들지 않았다. 동생이 갑자기 사망했던 날, 어머니는 한 치의 흐트러짐 없이 문상객을 맞아 밤을 새우고 담담하게 장례식을 치르면서 절망으로 초췌해진 아버지를 걱정하는 여유까지 보여주었는데 말이다.

어머니는 나이가 든 후에도 세 명의 손주들이 커가는 모습을 지켜보면서 취미 생활이나 여행을 즐기면서 잘 지냈다. 그래서 나는 어머니가 불같이 분노하는 모습에 크게 당황했다. 사랑하는 아들을 잃은 슬픔을 어머니가 지금껏 가슴속 깊이 묻어둔 채 살아왔다는 사실을 깨닫고, 가까이에서 어머니를 위로해주지 못한 지난날이 후회되어 마음이 아팠다.

미국의 사회심리학자 존 H. 하비가 말하기를, 중대한 상실이

미치는 영향은 누적되며 새롭게 생긴 상실뿐 아니라 과거의 상실에 의해서도 영향을 받는다고 한다. 과거에 미완결 상태로 그친 상실 체험은 복잡성 비탄의 위험 요인 중 하나로 꼽힌다.

지난날의 상실을 돌아보고 그 체험과 마주하는 것은 과거와 타협함으로써 현재를 더 행복하게 살아갈 수 있는 방법이다. 잃어버린 대상이 본인에게 중요한 것이거나 상실을 체험한 지 얼마 지나지 않은 무렵이라면, 과거를 회상한다는 것은 쉽지 않은 작업이며 아픔이 따르는 고난의 길임은 알지만 그럼에도 도전해 보자.

상실을 겪은 사람을 돌보는 사람도 자신의 상실 체험을 돌아보아야 한다. 지난날의 상실 체험과 똑바로 마주할 수 없는 사람은 상실을 체험한 당사자의 이야기를 듣고 감정이 크게 동요되어 적절하게 지원하지 못할 수도 있다. 자기 자신의 상실 체험에 대해 제대로 알아야 상대방의 감정에 휘말리는 일 없이 그 사람의 감정에 다가갈 수 있다.

지난날의 상실 체험을 회상하는 일은 스스로의 가치관을 재확인하는 일이기도 하다. 지원하는 상황뿐 아니라 대인 관계 전반에 있어서 자신과는 다른 가치관을 가진 타인과 어떻게 교류를 할 것인지 문제가 되곤 한다. 타인을 부정하고 배제할 것이 아니라 이해하고 수용하기 위해서는 자신이 어떠한 가치관을 가졌고 어떤 경우에 무엇을 느끼는지, 그리고 어떤 행동을 하는지 객관적으로 의식할 수 있는 '자기 자각'이 전제 조건이 된다.

과거에 있었던 자신의 상실 체험을 회상하는 일은 쉬운 일이 아니다. 하여 조금 더 쉽게 과거의 상실 체험을 체계적으로 돌아보고 앞으로 일어날 수도 있는 상실을 생각하는 지침으로서, 지금부터 열 가지 질문을 제시한다.*

---

* 내용의 일부는 비탄 전문 카운슬러이자 현재 교토산업대학교 학생상담실 상담사인 고메무시 게이코 (米虫圭子)로부터 제공받은 내용을 수정함

지난날의 상실을 돌아보고
그 체험과 마주하는 것은
과거와 타협함으로써
현재를 더 행복하게
살아갈 수 있는 방법이다.

상실 회고를 위한
열 가지 질문

상실에 관한 열 가지 질문은 상실 체험을 재확인하는 동시에 앞으로의 삶을 다시 바라보기 위한 것이다. 이 활동은 스스로 활동의 주체가 되어 자발적으로 참여하는 자세가 바람직하다.

질문에는 모범 답안이 없다. 각자 자신의 기분이나 생각, 행동 등을 솔직하게 돌아보기 바란다. 답을 만들어내는 것이 목적이 아니라 질문에 대해 지금까지 겪어온 자신의 체험을 돌아보고 과거의 자신과 대화하는 과정 자체가 중요하다. 체험을 언어로 표현하고 마음을 정리한다는 의미에서는 문장으로 쓰는 것이 바람직하지만, 일단 머릿속으로 생각하는 것만으로도 충분하다.

질문에 대한 응답은 타인에게 공개하는 것을 전제로 하지 않는다. 타인의 이목은 신경 쓰지 말고 바람직한 답안이라거나 바람직하지 못한 답안이라는 식의 가치 판단을 배제한 상태에서 솔직한 답을 소중히 여겨야 한다.

이 활동은 혼자서 참여하는 것을 전제로 하지만, 믿을 수 있는 사람과 함께해도 무방하다. 누군가와 함께하는 편이 더 든든하고 생각하기에도 편한 사람도 있을 것이다.

질문은 순서대로 배치되어 있는데, 반드시 그 순서를 지킬 필요는 없다. 대답하기 쉬운 것부터 시작해도 괜찮다. 도중에 마음이 불편해지고 힘들어지면 무리하지 않아도 된다. 또한 회상하는 동안에 당시의 기억이 떠올라서 정신적으로 괴로워지면 절대로 무리하지 말고 일단 중단하라. 자신의 기분과 대화하면서 심적 상태에 맞는 시기와 속도에 따라 활동을 진행하는 것이 바람직하다.

마지막으로 이 활동은 고통이나 증상의 개선 등 치료를 목적으로 하지 않는다. 중대한 상실을 겪은 후 아직 1년이 지나지 않은 사람에게는 권장하지 않는다. 특히 자신이 경험한 상실에 의해 정신적인 고통이나 불면, 식욕부진 등의 신체 증상이 나타났을 경우에는 상실을 경험한 시기와 상관없이 이 활동을 시작해서는 안 되며, 먼저 정신건강 전문 기관을 찾아 진료를 받는 것이 좋다.

1. 당신은 인생을 살아오면서 지금까지 어떤 소중한 것을 잃었습니까? 유년기에서부터 현재까지 연대순으로 회상해보세요. 지금까지 경험한 상실에는 인간관계, 환경, 물질, 심리 등 어떠한 종류의 상실이 많았습니까?

2. 당신에게 있어 상실의 영향이 가장 컸던 것은 어떤 사실이었습니까? 과거의 상실 체험 중에서 크게 영향을 미쳤다고 생각되는 상실을 하나 이상 생각해보세요. 그 체험은 몇 살 때 경험했고, 어떤 체험이었습니까?

3. 중대한 상실 체험은 당신에게 어떤 영향을 주었습니까? 예를 들면 신체적 컨디션, 감정, 가족 관계, 친구 관계, 경제 상황, 라이프 스타일, 역할·책임, 미래 전망, 신앙 등 다양한 분야에 걸쳐 생각해보세요. 상실의 영향이 특히 컸던 것은 어느 분야에서의 영향이었습니까?

4. 중대한 상실 체험이 미친 영향의 종류와 강도는 시간의 흐름과 함께 어떻게 변화했습니까? 각 분야에 대해서 생각해보세요. 변화가 있었던 것과 없었던 것은 각각 어느 분야였습니까?

5. 당신은 지금까지 중대한 상실 체험에 대해 어떻게 대처해왔습니까? 예를 들어 혼자서 참는다, 누군가에게 의지한다,

생각하지 않으려고 노력한다 등, 구체적인 대응 방식에 대해 생각해보세요. 지금까지의 경험으로 보아 대응 방식의 패턴을 알 수 있습니까?

6. 잃어버린 대상이 당신에게 가져다준 것은 무엇입니까? 물질적인 것뿐 아니라 사고방식이나 가치관 등 그 대상으로부터 당신이 얻은 것이나 물려받은 것 모두를 떠올려보세요. 잃어버린 대상이 가져다준 것이 모두 좋은 것은 아니겠지만 가능한 한 좋은 것을 많이 의식해보세요. 어떤 종류의 것이 많았습니까? 형태가 있는 것이었습니까, 없는 것이었습니까?

7. 중대한 상실 체험을 통해 얻은 것이나 배운 것이 있습니까? 만약 있었다면 얻은 것과 배운 것에 대해 구체적으로 생각해보세요. 몇 살 때, 어떤 상실 체험으로부터 무엇을 얻었고 무엇을 배웠습니까?

8. 언젠가는 잃어버릴지도 모르지만 지금은 아직 당신에게 남아 있는 것은 무엇입니까? 지금은 잃지 않았지만 잃을 가능성이 있는 것들은 몇 개 정도 됩니까? 어떤 종류의 것이 많았습니까? 형태가 있는 것이었습니까, 없는 것이었습니까?

9. 당신이 지금 절대로 잃고 싶지 않은 것은 무엇입니까? 현재 있는 것 중에서 잃고 싶지 않은 것에 우선순위를 매겨 보

세요. 상위권에 들어 있는 것은 어떤 종류의 것이 많았습니까? 형태가 있는 것이었습니까, 없는 것이었습니까?

10. 앞으로 소중한 무엇인가를 잃어버린다는 가정하에 당신이 지금 할 수 있는 일은 무엇입니까? 자신에게 어떠한 상실 체험이 될지 상상해보고, 그에 대비하여 지금부터 할 수 있는 일을 구체적으로 생각해보세요.

상실에 관한 10가지 질문에 답을 마치고 난 후, 어떠한 느낌을 받았는가? 자신의 상실 체험에 대해 생각하는 것은 쉬웠는가, 아니면 어려웠는가? 바로 대답할 수 있는 질문도 있겠지만, 상당히 시간을 두고 고민하게 만드는 질문도 있었을 것이다.

자기 자신에 대해서는 자신이 가장 잘 알고 있다고 믿었던 사람도 막상 회상하려고 하면 과거의 기억을 떠올리는 일이 어렵게 느껴졌을지도 모른다. 오래간만에 과거의 기억을 떠올리는 과정에서 그리움이나 쓸쓸한 감정을 느낀 사람이 있을지도 모르겠다. 곰곰이 생각하는 동안, 미처 인식하지 못했던 과거의 상실이나 생각지도 못했던 영향 등 의외의 사실을 깨달은 사람도 있을 것이다.

중대한 상실은 때때로 인생의 터닝포인트가 되기도 하고 그 후의 인생에 지대한 영향을 미치기도 한다. 정도의 차이는 있더라도 과거의 다양한 상실 체험을 통해 지금의 모습을 형성하고 있는 것이다.

필자가 담당하는 '그리프 케어론' 강의에서도 스스로 상실 체험을 돌이켜보는 활동을 부분적으로 도입하고 있다. 인원수가 많은 대규모 강의이기 때문에 다양한 배경을 지닌 수강생들에게 미칠 영향을 고려하면서 활동의 일부분을 체험하도록 구성하고 있다. 무리가 가지 않는 범위 내에서 활동할 것을 강조하지만, 제한된 시간 내에 깊은 생각에 빠지는 수강생도 적지 않다.

수강생의 감상을 일부 수정하여 소개하겠다.

• 아직도 그 사건을 떠올리는 것만으로도 불쾌한 기분이 들기 때문에 떠올리고 싶지 않지만, 그 경험이 있었기에 지금 이렇게 살아갈 수 있다는 것을 깨달았다. 그 당시에는 부정적으로만 받아들였던 것도 시간이 흐르고 똑바로 마주할 수 있게 되면서 마이너스가 플러스로 바뀌었다고 생각한다. 과거의 상실 체험은 현재의 나에게 있어 강점이 된 것 같다.
• 상실을 겪었을 때는 왜 나만 이런 일을 당해야 하는가 하는 생각에 가족이나 주변 사람들에게 상처를 주기도 했다. 그런데

한편으로는 당연한 일이라고 생각했던 것이 새삼 고맙게 느껴지고, 주위 사람들의 따스한 마음을 알게 되어 좋았다고 느끼기도 했다. 잃어버린 것은 크지만, 소중한 것도 얻을 수 있었다는 사실을 깨달았다.

• 지금까지 상실을 경험할 때마다 혼자서 해결하는 경우가 많았다고 생각했다. 그런데 가만히 지난날을 회상해보니 주위 사람들의 도움이 있었기에 극복한 경우가 많았다는 사실을 알게 되었다. 시간이 해결해주는 문제도 있지만 그렇지 못한 문제도 있다는 사실을 알았다.

• 상실을 경험했을 때는 울어도 울어도 눈물이 계속 나서 나는 약한 존재라고 생각했다. 하지만 지금 생각해보니 나는 내 나름대로 필사적으로 대응하려 노력했던 것 같다. 스스로를 인정해도 된다는 사실을 깨달았다.

다른 사람에게도 이 활동을 권하고 서로 체험을 공유하는 것도 좋다. 비슷한 상실 체험이라고 해도 그 영향이나 대처 방식이 다른 경우도 많다. 활동 체험을 공유하는 과정을 통해 스스로 상실에 관해 새롭게 발견하거나 살아가는 데 필요한 실마리를 얻기도 할 것이다. 그리고 어느 정도 시간이 흐른 후에 다시 활동에 참여해보면 지금과는 다른 것을 깨닫게 되거나 기분상의 변화가 생길지도 모른다.

사람마다 정도의 차이는 있겠지만, 이 활동은 지금까지 겪어온 상실 체험과의 타협점을 찾아내고 자기 자신에 대해 재확인하는 과정이 될 것이다. 지난날의 상실 체험을 돌아보는 일은 때로는 힘들기도 하지만, 과거를 회상하는 일은 결코 과거로 퇴보하는 것이 아니다. 근원적인 체험과 마주하는 일은 현재의 시간을 소중히 여기고 앞으로의 삶을 풍요로운 마음으로 살아가기 위한 원동력이 될 것이라고 믿는다.

상실 후에도
행복은 있다

해가 바뀔 때마다 생활에 큰 변화가 생기는 것은 아니지만, 인생에서 고개 하나를 넘었다는 생각도 든다. 세월의 속도에 놀라면서도, 그동안 걸어온 길을 돌아보면 직장을 얻고 일가를 꾸리는 등 필자도 많은 것을 얻었다. 하지만 한편으로는 잃어버린 것도 적지 않다. 몇 해가 흐른 지금도 순간순간 고인의 모습이 생생하게 떠오르기도 하고, 슬픔과 후회가 되살아나는 이별도 몇 차례나 경험했다.

인생은 상실의 연속이다. 때로는 받아들이기 힘든 상실도 있지만, 그조차도 인생을 풍요롭게 만들어준다고 믿고 싶다. 상실이라는 경험을 통해 우리는 살아 있다는 것에 대한 감사, 그리고 인간관계의 소중함을 절감하기도 한다. 상실의 아픔을 아는 사람은 현재 본인이 가진 것이 얼마나 소중한지를 충분히 느낄 수 있는 사람일 것이다. 그렇지만 일상생활에서는 그 사실을 별로 의식하지 않고 살기 쉬우며 대부분의 사람에게 상실이란 굳이 떠올리고 싶지는 않은 화제인 것도 사실이다.

이 책은 인생에서 겪게 되는 중대한 상실을 특히 강조하면서 불안을 조장하기 위해 쓰인 것은 아니다. 다만 중대한 상실도 인생의 일부이고 인생에는 늘 상실이 있다는 전제하에 어떻게 상실과 마주해야 하는가에 대해 이야기하고자 했다. 중대한 상실을 겪었다고 해서 그 사람의 인생이 불행해지는 것은 아니다. 내 눈에만 보이는 나만의 행복은 누구에게나 있다. 이 책을 통해서 그 행복에 가까이 갈 수 있는 실마리를 찾기를 진심으로 바란다.

교토산업대학교 학생상담실 카운슬러인 고메무시 게이코와 셀프 헬프 그룹 작은 생명의 사카시타 유코 대표가 자료를 제공하고 원고 교열을 도와주었다. 진심으로 감사 인사를 드린다. 또한 좀처럼 진도가 나가지 않는 원고를 끈기 있게 기다려준 고분샤신쇼光文社親書의 편집자 고가와 유야古川遊也에게도 깊은 감사를 전한다.

사카구치 유키히로

참고문헌

가미야 미에코 저, 홍성민 역, 《삶의 보람에 대하여》, 필로소픽, 2004

가시와구라 히데요시, 《第二版 中途障害者の心理と支援―視覚に障害のある人々を中心に(제2판 중도성 장애자의 심리와 지원―시각장애자들을 중심으로)》, 구미, 2011

가시와기 게이코 편저, 《よくわかる家庭心理学(알기 쉬운 가정심리학)》, 미네르바쇼보, 2010

가와모토 사부로, 《そして、人生はつづく(그리고 인생은 이어진다)》, 헤이본샤, 2013

가키조에 다다오, 《妻を看取る日―国立がんセンタ―名誉総長の喪失と再生の記録(아내를 간호하는 날―국립암센터 명예 총장의 상실과 재생 기록)》, 신쵸샤, 2009

가토 히로시 · 사이쇼 하즈키, 《心のケア―阪神・淡路大震災から東北へ(마음의 치료―고베 대지진에서 도후쿠 지역으로)》, 고단샤겐다이신쇼, 2011

곤도 마유미, 〈乳がんによる乳房を喪失した人へのケア(유방암으로 가슴을 잃어버린 사람에 대한 케어)〉, 데라사키 아케미 편저, 《対象喪失の看護―実践の科学と心の癒し(대상 상실에 대한 간호―실천 과학과 정신적 치유)》, 주오호키슛판, 2010

교도통신사(共同通信社) 사회부 편저, 《わが子よ―出生前診断、生殖医療、生みの親・育ての親(자녀를 위해서―출생 전 진단, 생식 의료, 낳아준 부모 · 길러준 부모)》, 겐다이쇼칸, 2014

기시모토 히데오, 《死を見つめる心―ガンとたたかった十年間(죽음을 바라보는 마음―암과 싸워 온 지난 10년)》, 고단샤분코, 1973

도도로키 다카오, 《ハイデガ―〈存在と時間〉入門(하이데거 〈존재와 시간〉 입문)》, 고단샤겐다이신쇼, 2017

도쿠마루 사다코 편저, 《《いのち教育》をひもとく―日本と世界('생명 교육'을 파헤친다―일본과 세계)》, 겐다이토쇼, 2008

레오 버스카글리아 저, 이경덕 역, 《나뭇잎 프레디》, 창해, 2002

마쓰나미 고도, 《最新世界の葬祭事典(최신 세계의 장제 사전)》, 유잔카쿠슛판, 2000

마쓰이 유타카, 《恋ごころの科学(사랑하는 감정의 과학)》, 사이엔스샤, 1993

모리 세이지, 《子どもの悲しみの世界―対象喪失という病理(아동이 겪는 슬픔의 세계―대상 상실이라는 병리)》, 지쿠마가쿠게이분코, 1995

미국정신의학회 저, 다카하시 사부로·오노 유타카 감수 및 번역, 《DSM-5 精神疾患の診断・統計マニュアル(정신질환 진단・통계 매뉴얼)》, 이가쿠쇼인, 2014

미야타 가쿠코, 《無気力のメカニズム―その予防と克服のために(무기력의 메커니즘―그 예방과 극복을 위해)》, 세이신쇼보, 1991

미우라 아야코, 《속 빙점》, 홍신문화사, 1982

빅터 프랭클 저, 이시형 역, 《죽음의 수용소에서―죽음조차 희망으로 승화시킨 인간 존엄성의 승리》, 청아출판사, 2020

사카구치 유키히로, 《悲嘆学入門―死別の悲しみを学ぶ(비탄학 입문―사별의 슬픔을 배운다)》, 쇼와도, 2010

사카구치 유키히로, 《死別の悲しみに向き合う―グリーフケアとは何か(사별의 슬픔에 대처한다―그리프 케어란 무엇인가)》, 고단샤겐다이신쇼, 2012

수잔 발리 저, 신형건 역, 《오소리의 이별 선물》, 보물창고, 2009

스즈키 교코, 《つながれつながれいのち―生きてきた生きていくわたし(언제까지나 생명을 이어가기를―살아온 나와 살아갈 나)》, 세이가쇼보, 2017

아이카와 아쓰시, 《愛する人の死, そして癒されるまで―妻に先立たれた心理学者の'悲嘆'と'癒し'(사랑하는 사람의 죽음, 그리고 치유되기까지―아내와 사별한 심리학자의 '비탄'과 '치유')》, 다이와슛판, 2003

야마다 요코, 《喪失の語り―生成のライフストーリー(상실 이야기―생성의 라이프 스토리)》, 신요샤, 2007

야마모토 쓰토무, 《喪失と悲嘆の心理臨床学―様態モデルとモーニングワーク(상실과 비탄의 심리임상학―양태 모델과 모닝 워크)》, 세이신쇼보, 2014

엔도 슈사쿠, 《人生には何ひとつ無駄なものはない(우리 삶에 필요 없는 것은 하나도 없다)》, 아사히분코, 2005

오마치 이사오, 《命の終わり―死と向き合う7つの視点(삶의 마지막 순간―죽음과 마주하기 위한 7가지 시각)》, 호리쓰분카샤, 2007

오코노기 게이고, 《対象喪失―悲しむということ(대상 상실―슬퍼한다는 것)》, 주오신쇼, 1979

이시마루 마사히코·야마자키 히로시, 《死生学のフィールド(放送大学教材)(사생학 필드(방송대학 교재))》, 호소다이가쿠(放送大学)교육진흥회, 2018

이토 마사야·가시무라 마사미·호리코시 마사루, 《こころを癒すノート―トラウマの認知処理療法自習帳(마음을 치유하는 노트―트라우마의 인지 처리 요법 자습장)》, 소겐샤, 2012

일본노년행동과학회 감수・오카와 이치로 외 편저, 《高齢者のこころとからだ事典(고령자의 마음과 몸 사전)》, 주오호키슛판, 2014.

호시노 도미히로, 《新版 愛,深き淵より(개정판 사랑, 깊은 심연으로부터)》, 릿푸쇼보, 2000

후루치 고타로・사카구치 유키히로, 《グリーフケア―見送る人の悲しみを癒す~〈ひだまりの会〉の軌跡(그리프 케어―떠나보내는 사람의 슬픔을 치유하는~'양지바른 곳의 모임'의 발자취)》, 마이니치신문사, 2011

후쿠시마 사토시, 《ぼくの命は言葉とともにある―9歳で失明 18歳で聴力も失ったぼくが東大教授となり、考えてきたこと(나의 삶은 말과 함께 존재한다―만 9세 때 실명하고 만 18세 때 청력마저 잃은 내가 도쿄대 교수가 되면서 생각한 것들)》, 지치슛판샤, 2015

히노하라 시게아키 저, 홍성민 역, 《앞으로도 살아갈 당신에게》, 서울문화사, 2017

Alfons Deeken, 《新版 死とどう向き合うか(개정판 죽음과 어떻게 마주할 것인가)》, NHK슛판, 2011

Colin Murray Parkes 저, 구와하라 하루오・미노 요시오 번역, 《死別―遺された人たちを支えるために(사별―남겨진 사람들을 위해서)》, 메디카슛판, 2002

David W. Kissane・Sidney Bloch 저, 아오키 아키라・아라이 노부코 번역, 《家族指向グリーフセラピー―がん患者の家族をサポートする緩和ケア(가족 지향 그리프 테라피―암과 투병하는 환자의 가족을 위한 완화 치료)》, 코스모스 라이브러리, 2004

George A. Bonanno 저, 다카하시 요시토모 감수 및 번역, 《リジリエンス―喪失と悲嘆についての新たな視点(회복 탄력성―상실과 비탄에 대한 새로운 시각)》, 곤고슛판, 2013

Harvey Max Chochinov・William Breitbart 저, 우치토미 요스케 감수 및 번역, 《緩和医療における精神医学ハンドブック(완화 의료의 정신 의학 핸드북)》, 세이와쇼텐, 2002

John Bowlby 저, 구로다 지쓰오 외 번역, 《母子関係の理論 Ⅲ 対象喪失(모자 관계의 이론 Ⅲ 대상 상실)》, 이와사키가쿠주쓰슛판샤, 1991

John H. Harvey 저, 안도 기요시 감수 및 번역, 《悲しみに言葉を―喪失とトラウマの心理学(슬픔에 말 건네기―상실과 트라우마의 심리학)》, 세이신쇼보, 2002

John H. Harvey 저, 와다 미노루・마스다 마사히로 편역, 《喪失体験とトラウマ(상실 체험과 트라우마)》, 기타오지쇼보, 2003

Lawrence G. Calhoun Richard G. Tedeschi 저, 다쿠 가나코・시미즈 겐 감수 및

번역, 《心的外傷後成長ハンドブック─耐え難い体験が人の心にもたらすもの(정신적 외상 후 성장 핸드북─견디기 어려운 체험이 마음에 미치는 영향)》, 이가쿠쇼인, 2014

Linda Espie 저, 시모이나바 가오리 번역, 《私たちの先生は子どもたち！─子どもの悲嘆をサポートする本(어린이에게서 배운다!─어린이의 비탄을 치유하는 책)》, 세이카이샤, 2005

ＮＨＫ こころフォト(마음) 포토 제작팀 편저, 《愛する人への手紙(사랑하는 이에게 보내는 편지)》, 슈후토세이카쓰샤, 2014

Pauline Boss 저, 나카지마 사토미・이시이 지카코 감수 및 번역, 《あいまいな喪失とトラウマからの回復─家族とコミュニティのレジリエンス(애매한 상실과 트라우마의 회복─가족과 커뮤니티의 회복 탄력성)》, 세이신쇼보, 2015

Robert A. Neimeyer 저, 스즈키 요시코 역, 《〈大切なもの〉を失ったあなたに─喪失をのりこえるガイド(〈소중한 존재〉를 잃은 당신에게─상실 극복 가이드)》, 슌주샤, 2006

Robert A. Neimeyer 편저, 도미타 다쿠로・기쿠치 아키코 감수 및 번역, 《喪失と悲嘆の心理療法─構成主義からみた意味の探究(상실과 비탄의 심리 요법─구성주의 관점에서 본 의미의 탐구)》, 곤고슛판, 2007

The Dougy Center, 《大切な人を亡くした子どもたちを支える35の方法(소중한 사람을 잃은 어린이들을 격려하는 35가지 방법)》, 나시노키샤, 2005

어떻게
잘 잃을 것인가
상실과 더불어 살아가는 법

초판 1쇄 인쇄   2021년 11월 5일
초판 1쇄 발행   2021년 11월 15일

지은이   사카구치 유키히로
옮긴이   동소현
펴낸이   변민아
책임편집   박지선
마케팅   서슬기
디자인   김규림
외부편집   한홍
인쇄   책과6펜스

펴낸 곳   에디토리
출판등록   2019년 2월 1일 제409-2019-000012호
주소   경기도 김포시 김포대로 739 제1동 215호
전화   031-991-4775
팩스   031-8057-6631
홈페이지   www.editory.co.kr
이메일   editory@editory.co.kr
인스타그램   @editory_official

책 정보

Copyright   사카구치 유키히로, 2021
ISBN   979-11-974073-6-9 (03180)

판형   135×200mm
표지종이   아르떼 울트라화이트 210g
본문종이   미색모조 100g
제본   무선제본
표지후가공   써멀무광라미네이팅,
투명홀로그램박